아파트,
이 가격 오면 사라

부동산 가치평가 바이블, 소름공식

아파트, 이 가격 오면 사라

채상욱 지음

라이프런
LifeLearn

프롤로그

타이밍이냐,
가격이냐

현재는 투자 관련 콘텐츠가 홍수처럼 쏟아지는 시대입니다. 주식, 코인, 부동산, 채권 등 다양한 자산들을 평가하고 전망하는 영상은 물론이고, 온라인과 오프라인에 떠도는 텍스트도 상당합니다. 미국 연방준비제도의 정기 회의도 집에서 편안하게 라이브로 시청할 수 있지요. 테슬라 주가가 급락하면 곧바로 그 원인과 전망을 해석하는 영상이 유튜브에 수십 개가 올라옵니다. 투자에 필요한 정보를 손쉽게 얻을 수 있고, 이러한 정보와 데이터에 근거해 투자하는 것은 이제 일반적입니다.

물론 처음부터 이랬던 것은 아닙니다. 주식투자만 하더라도 금융시장이 태동하던 초기에는 정보가 턱없이 부족해 도박처럼 불안하고 위험한 것으로 여겨졌습니다. 이때 증권 분석을 통한 투자 방법을 개발하여 비과학적인 주식시장에서 벗어나 가치투자의 체계를 만든 인물이 있었습니다. 바로 벤저민 그레이엄Benjamin Graham 입니다.

그는 워런 버핏의 스승으로도 유명하며 증권 분석을 창시하고 가치투자의 체계를 만들어 도박에 가깝던 주식투자를 진정한 투자의 영역으로 바꿔놓은 인물입니다.

　부동산 책에서 갑자기 벤저민 그레이엄이라니, 의아하실 텐데요, 그를 언급한 이유는 투자의 성패를 결정하는 2가지 중요한 개념을 제시했기 때문입니다. 바로 그의 저서 『현명한 투자자』에 나오는 '타이밍Timing 전략'과 '프라이싱Pricing 전략'입니다. 이 두 개념은 이 책을 쓰게 된 출발점이기도 합니다. 과연 벤저민 그레이엄이 말한 타이밍 전략과 프라이싱 전략이란 무엇일까요?

- **타이밍 전략이란** 특정 시기를 선택하는 것입니다. 즉, 어떤 상품이 나중에 가치가 오를 것으로 예상하면 해당 상품을 계속 보유하거나, 추가로 매수하는 것이 좋습니다. 반대로 가치가 하락하리라 예상하는 상품은 매도하거나 매수를 미루는 것이 좋습니다.

- **프라이싱 전략이란** 가격을 선택하는 것입니다. 즉, 가격 선택은 어떤 상품이나 서비스의 가격이 타당한 수준 이하로 내려가면 매수하고, 그것보다 높아질 때는 매수를 멈추거나 매도하는 것을 말합니다.

물론 벤저민 그레이엄이 이 2가지 개념만 말한 것은 아닙니다. 더 많은 것을 말했지만, 중요한 것은 그가 이러한 개념을 내세운 이후로 투자자들에게 타이밍 전략과 프라이싱 전략(이하 '가격 전략')이 보편적 개념으로 자리 잡았다는 사실입니다. 당연한 말이지만 좋은 시점이나 좋은 가격에 주식을 사야 괜찮은 성과로 이어지고, 반대로 시기가 안 좋거나 고평가된 가격에 산다면 안 좋은 성과로 이어지니까요.

그런데 타이밍 전략과 가격 전략은 주식시장에만 통하는 걸까요? 이 2가지는 기본적으로 모든 자산시장의 투자자가 꼭 기억해야 하는 개념입니다. 부동산시장도 예외가 아닙니다. 우리가 부동산시장을 열심히 공부하는 이유도 결국은 '잘 사고 잘 팔기 위해서'인데, 이를 위해서 반드시 익혀야 할 개념입니다.

• 2년 사이 급격한 가격 상승과 폭락

2020~2021년 코로나19 대유행으로 전 세계는 전례 없는 유동성 상황을 경험했습니다. 시중에 어마어마한 돈이 풀렸습니다. 이 기간에 거의 모든 자산가격이 급상승했으며, 부동산시장도 예외가 아니었습니다.

주택시장을 자세히 살펴보면, 2020년 하반기 이후부터 급격한 변화가 많았습니다. 특히, 2년간 거주가 보장되던 임대차계약을 '2년+2년=4년'으로 연장하는 임대차보호법의 개정이 이루어지면서 저금리 시대와 맞물려 임차료가 급격히 상승하는 현상이 발생했습니다. 전 세계적인 유동성 확대 정책(한국도 기준금리가 0.5%로 사상 최저 수준이었죠) 때문에 시장 금리는 계속해서 떨어지는 상황이었습니다.

금리가 터무니없을 정도로 낮아지자 전세가격이 엄청나게 오르기 시작했고, 주거비용 급등을 우려한 임차인들이 대거 주택을 사기 시작했습니다. 전세를 안고 주택을 구매하는 갭Gap투자 역시 활발해지면서 역사상 손에 꼽을 만큼 보기 드문 주택가격의 초과 상승세가 나타났습니다. 이는 FOMO(fear of missing out, 무리에서 동떨어지는 공포) 심리로 이어져 분위기가 더욱 과열되었습니다. 반대로 무주택자는 자고 나면 올라 있는 주택가격에 망연자실했습니다.

자산시장의 비이성적 과열 분위기에 일부 사람들은 주택가격이 비싸다고 지적했지만, 이미 분위기에 휩쓸린 대중은 그들을 보며 뭘 잘 모르는 사람으로 간주했습니다. 2021년에는 국토부 장관, 경제부총리, 금융위원장 등 부동산과 금융시장에서 수십 년 관료 생활을 했던 당국자들이 가격 고점을 경고하고 나섰습니다. 그러나 대중은 이들보다 일부 유튜버들을 더 전문가로 생각했습니다. 그렇게 2년간의 초저금리로 부풀려진 가격에 익숙해질 무렵 급작스럽게 금리 인상이 전 세계적으로 찾아왔습니다.

경제성장률을 아득히 넘어서는 수준의 금리 인상이 연속적으로 단행되자 미국이건 한국이건 할 것 없이 자연스럽게 모든 자산가격이 하락하기 시작했습니다. 부동산이 금리에 예민한 자산이라는 사실을 다시 한번 확인할 수 있었죠.

특히 우리나라는 2022년 9월 이후 주택가격 하락 폭이 급격하게 커져서 실거래가 기준 고점 대비 40~50% 이상 떨어진 단지가 속출했습니다. '급락, 폭락' 같은 자극적인 단어가 뉴스를 장식했고, 한국 부동산시장은 본격적인 침체에 빠져들었습니다.

불과 2년이라는 짧은 기간에 롤러코스터를 타는 듯한 변화가 몰아쳤습니다. 이 과정에서 타이밍을 잘못 잡았거나, 가격 선택이 좋지 못한 거래를 한 투자자라면 현재 큰 손실을 보고 있거나, 눈물을 머금고 손실을 확정해야 했을 것입니다. 운 좋게 지난 2년간의 가격 거품을 잘 피했다 하더라도, 앞으로 이런 위기를 맞닥뜨리지 않으리라는 보장은 없습니다.

부동산시장 역시 자산시장의 하나로 금리나 물가의 영향에서 벗어날 수 없는 만큼 타이밍을 잘 잡는 일은 점점 더 어려운 일이 되고 있습니다. 단기간에 아파트 시세가 50% 하락하는 현상이 발생하는 것을 보면 가격 전략 역시 만만치 않은 일입니다.

• 어떻게 리스크를 피하고 수익을 올릴 것인가

도대체 어떻게 해야 이런 투자의 위험에서 자산을 지키고 나아가 더 좋은 성과를 낼 수 있을까요? 네, 그렇습니다. 바로 시점을 잘 선택하거나, 가격을 잘 선택하면 됩니다. 다시 처음으로 돌아왔네요.

저는 2011년 주식시장에 들어와서 LIG투자증권, 하나증권 등에서 10년간 애널리스트 생활을 했습니다. 기업의 적정가격을 분석하고 보고서를 작성하는 일이 주 업무로, 금융시장에서는 오직 애널리스트만이 기업의 적정주가를 공식적으로 발표할 수 있습니다. 담당한 섹터가 건설과 부동산이어서 부동산 관련 기업에 관해 조사분석 업무를 했는데, 이런 연유로 저는 부동산과 주식을 모두 경험한 독특한 이력을 갖게 됐습니다.

한동안 일하다 보니 부동산시장에 무척 특이한 점이 있다는 사실을 깨달았습니다. 주식시장과 달리 그 누구도 부동산, 특히 아파트에 대해서 '적정가격 도출' 혹은 '가치평가'를 하지 않는다는 점입니다. 물론 부동산 부문에도 감정평가사라는 전문 직군이 있습니다. 제가 주식시장의 애널리스트였듯이, 감정평가사는 부동산시장의 애널리스트라 할 수 있습니다. 하지만 원가법과 거래사례비교법, 현금흐름할인법으로 무장한 감정평가 방식은 모든 사람이 편하게 사용하기 어려운 단점이 있습니다.

먼저 거래사례비교법은 개별 부동산의 거래를 비교하는 데는 적합하지만, 각 부동산의 적정가치를 추정하기에 좋은 모형은 아닙니다. 상대적 비교이기 때문입니다. 다음으로 원가법은 공급자 측면에서 원가를 계산한다는 장점이 있지만, 수요자의 구매력을 고려하지 않는 단점이 있습니다. 마지막으로 현금흐름할인법은 절대가치 평가법이기 때문에 매우 강력하지만, 반대로 주관적 평가 요소가 많다 보니 '내가 원하는 숫자'를 만들어내기 위해 오용될 가능성이 큽니다. 게다가 현금흐름할인법은 현장에서 곧바로 암산해서 사용할 만큼 간단하지가 않습니다. 예를 들어 순이익 1조 원을 벌어들이는 기업의 적정가치가 10조 원이라는 계산은 암산할 수 있지만, 순이익 1조 원이 매년 5%씩 성장하고 배당률은 20%인데, 요구수익률●이 8%이면 이 기업의 가치가 얼마인지 암산하기는 쉽지 않습니다. 사실 감정평가Appraisal와 가치평가Valuation는 단어 자체부터 다르며, 그 범위도 약간씩은 다릅니다.

타이밍 전략과 가격 전략 측면에서 바라보자면 부동산시장, 특히

● 투자자가 요구하는 최소한의 수익률.

아파트 거래에서 가격 전략은 매우 오랜 기간 대중에게 외면을 받아왔던 것으로 보입니다. 반대로 오직 좋은 타이밍을 잡기 위해서만 노력해왔습니다. 급기야 주택을 매수하려는 사람 중에는 미국 연방준비제도의 금리 결정 시점을 타이밍으로 고려하는 사람까지 나오고 있습니다. 이것이 잘못되었다는 것이 아니라, 과도한 타이밍 집착으로 흘러가는 한 단면을 보여주는 것 같다는 말입니다. 이처럼 적절하든 그렇지 않든 타이밍 전략에 관해서는 상당히 신경 쓰고 노력하는 반면에 적정가격에 관한 논의는 거의 이루어지지 않았습니다.

밸류에이션이나 가치평가라는 말을 꺼내면 상당히 구식이고 고루하다는 편견이 있습니다. 마치 100년 전 주식시장에서나 쓰던 말처럼 여기는 것이죠. 하지만 적절한 밸류에이션은 시대와 동행하거나 오히려 시대를 앞서갑니다. 만약 적절한 밸류에이션 방법만 찾는다면 시대의 최첨단에 서는 것과 같습니다.

2015년 중국 경제전문가이자 모건스탠리Morgan Stanley 아시아태평양 담당 수석 이코노미스트였던 앤디 시에Andy Xie가 당시 제가 일하던 하나증권의 연간 경제 전망 포럼에 초대되어 온 적이 있습니다. 그가 강연을 끝낸 뒤 사석에서 제게 한 말을 잊을 수가 없습니다.

"훌륭한 애널리스트는 현재 시장에서 형성된 가격을 잘 설명할 수 있는 밸류에이션 방법을 직접 개발하는 사람입니다.”

이 말을 듣고 머리를 망치로 한 대 얻어맞은 것 같았습니다. 왜 나하면 수학적 기법을 동원해 밸류에이션 공식을 직접 개발한다는 생각을 그때까지는 한 번도 해본 적이 없었기 때문입니다. 그런데 세계적 애널리스트에게서 “가격을 잘 설명할 수 있는 밸류에이션 방법을 직접 만들 생각을 하라”는 말을 들으니 그야말로 머릿속이 뚫리며 아이디어가 솟구치는 느낌이었습니다.

그때 아파트 가격에 대한 설명력 높은 밸류에이션 방식을 직접 개발해보자고 마음먹었고, 그것이 이 책의 시작점이 됐습니다. 그 러고 무려 7년이라는 세월을 고민하고 나서야 어느 정도 방향이 잡 혔습니다. 이제 부동산시장에서 언제 사고 언제 팔아야 할지 고민 하는 누군가에게 도움이 될 수도 있겠다는 생각에 마침내 책으로 펴내게 되었습니다.

현재도 수많은 부동산시장 참여자들이 언제 매수하고 매도할지 를 두고 가격 앞에서 주저하고 있습니다. 눈앞의 가격이 비싸 보이 기는 한데 얼마나 높은 건지 알 수 없고, 반대로 싸 보일 때에도 도 대체 가격이 얼마나 낮은 건지 알 수 없기 때문입니다.

국토부 장관과 관련 당국자들은 PIR(Price to Income Ratio, 가구소득 대비 주택가격 비율)이 18배인 시장이 12배로 낮아져야 한다고 말합니다. 이 말에 공감하긴 하지만 이는 시장 전체에 대한 평가일 뿐, 개별 아파트 가격에 대한 지표로서는 알쏭달쏭합니다. 또 모든 아파트가 PIR 12배 수준의 가격으로 통일될 수도 없습니다. 각각의 아파트는 조건과 상황이 다르기 때문입니다. 이는 한국 증시에 상장한 모든 기업의 PER(Price to Earning Ratio, 주가수익비율)이 다른 것과 비슷합니다.

이 책의 목표는 누구나 간단한 공식으로 아파트의 적정가격을 직접 계산할 수 있도록 하는 것입니다. 이 공식은 다소 복잡한 개념과 모형이 들어가 있지만, 최종 형태는 매우 간단합니다. 간략해도 가격을 잘 설명하는 밸류에이션 방식이어서 이 공식을 접한 많은 사람들이 쓰면 쓸수록 유용해서 소름 돋는 경험이었다고 말했습니다.

사실 이 책의 내용은 2022년 11월부터 12월까지, 7주간 모의 진행한 온라인 교육 클래스에서 다룬 주제이기도 합니다. 이 과정에서 이 공식을 처음 접한 사람들이 이구동성으로 "때로 소름 돋았다"라는 평가를 해줬습니다. 제가 이 공식의 이름을 아파트 적정가를 도출하는 '소름공식'이라고 다소 유치하게 지은 이유입니다.

이 책을 통해서 아파트라는 자산의 '가격 전략'에 관한 논의가 활발하게 이뤄졌으면 합니다. 책이 나올 수 있도록 배려해주고, 가치평가 방식에 대해서 다양한 피드백을 제시해준 주식과 부동산시장의 모든 애널리스트에게 감사하다는 말을 전하고 싶습니다. 이 책을 접한 많은 독자가 소름공식을 유용하게 활용했으면 하는 바람입니다.

아파트 투자는 단 한 번의 거래에 많은 돈을 쏟아부어야 합니다.

아파트야말로 내가 할 수 있는 가장 최고의 가치평가 수단을 총동원해서

가격이 적정할 때 매수 혹은 매도해야 하는 물건입니다.

1부

아파트가 이제는 가장 위험한 자산?

아파트의 적정가격을
알 수 있을까

저는 유튜브 채널 〈채부심〉(채상욱의 부동산 심부름센터)을 운영하고 있습니다. 2022년 말, 아파트 실거래가가 크게 하락한 지역을 탐방하는 콘텐츠를 만들고 있었습니다. 당연히 동탄 지역 안에서 가장 입지가 좋으면서도 동시에 하락 폭이 큰 단지를 그냥 지나칠 수 없었죠. 바로 동탄역시범우남퍼스티빌 아파트입니다.

이 아파트는 총 1,442세대의 대단지로 2015년에 준공됐습니다. GTX 동탄역까지 걸어서 갈 수 있는 거리여서 선호도가 높은 단지 중 하나였습니다. 그런데 이 단지가 이번에는 다른 이유로 유명해졌습니다. 2022년 하반기에 동탄에서 가장 크게 시세가 떨어진 단지로 언론의 주목을 받은 것입니다.

2021년 7월 국민주택 평형인 전용면적 85㎡(34평형)의 실거래가가 14억 4천만 원으로 최고가를 찍은 이후, 2022년 11월 9억 2천만 원으로 1년 4개월 만에 5억 2천만 원이 하락했습니다. 같은 단지 전용면적 59㎡(25평형)은 2021년 8월 최고가 11억 원을 기록한

동탄역시범우남퍼스트빌 아파트의 2022년 하반기 매매가격 추이

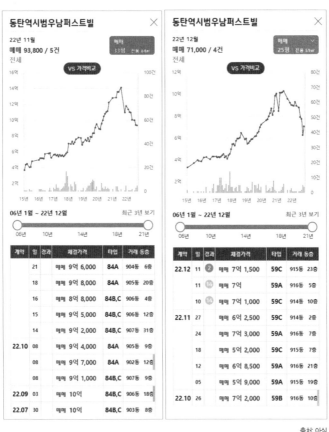

출처: 아실

이후 1년 3개월이 지난 2022년 11월에 5억 8천만 원이 하락한 5억 2천만 원으로 거래되어 동탄권 전역에 큰 충격을 주었습니다.

2022년 11월 말쯤 해당 단지를 직접 확인하기 위해 답사를 나갔습니다. 아파트 입구 쪽에 나란히 있는 부동산중개소 중 한 곳의 중개소장이 저를 알아보고 사무실 안에 들어와 몸이라도 녹이라며 커피를 대접해주었습니다. 그렇게 현장에서 중개소장의 설명을 생생하게 들을 수 있었습니다.

그는 5억 2천만 원과 5억 9천만 원으로 매매된 $59m^2$(25평형) 아파트 두 건은 모두 증여성 거래라고 말했습니다. 나중에 다시 살펴보겠지만 '증여성 거래'는 직전 시세 대비 최대 30%를 넘지 않는 할인 금액으로 매매하는 것이 일반적입니다. 실제 5억 4천만 원 매매 건은 직전 실거래가가 7억 2천만 원이었으므로 여기서 70%에 해당하는 금액이 맞았습니다. 5억 9천만 원도 직전 실거래가가 8억 3,700만 원이어서 적절한 금액으로 보였습니다. 매매가격이 6억 원 이하일 때는 취득세가 1.1%이니 절세 측면에서도 합리적인 결정이라 할 수 있었습니다.

부동산 커뮤니티 등 온라인 게시판에는 '걸핏하면 평계로 나오는 증여 거래설'이라며 믿지 못하겠다는 글이 올라오곤 합니다. 물론 시세가 하락한 실거래 전체가 증여성 거래일 리는 없죠. 저 역시 시세가 하락한 거래 전체가 증여성이라고 말하는 것은 아닙니다. 다만 매수자와 매도자의 속사정을 가장 잘 아는 현장 중개사에게서 나온 정보이므로 일단 그렇게 받아들였습니다.

문제는 그 거래들을 제외하더라도, 이미 59㎡ 기준 7억 원대에서 시세가 형성되어 있었고, 이후 2층 아파트의 실매매가가 6억 2,500만 원이 찍힌 것을 보면서 상당한 속도로 시세가 떨어지고 있다는 사실을 인정할 수밖에 없었습니다.

● 어느 부동산중개사의 고민

부동산중개사들은 고객 상담에 상당한 어려움을 겪고 있었습니다. 실제 거래를 원하는 사람들에게 도움이 될 정보를 제공해야 하는 처지에서 이런 급등락한 환경은 시세의 기준점을 어디에 둬야 할지 알 수 없게 만들기 때문이었죠. 커피를 대접해준 중개사 역시 "집값이 어디까지 떨어질지 감을 못 잡겠어요"라며 하소연했습니다.

"작년 말에 59㎡ 아파트가 11억 원에 거래되니까 매물을 내놓은 분들이 모두 가격을 12억 원으로 올리더라고요. 당시 저는 그런 생각을 했습니다. '대체 이 시세가 어디까지 올라갈까?' 하고요. 왜냐면 이 단지는 처음에 평당 1천만 원에 분양해서 59㎡면 2억 5천만 원 내외인데, 시세가 11억 원까지 올랐으니 거의 4배 이상 오른 거잖아요. 당시 시세가 10억 원을 넘겨 십수 건이 거래되고 다시 11억 원을 찍은 이후 다시 매도가가 전부 12억 원대로 오르니, 속으로 정말 시세가 이렇게 오르는 게 맞는지, 어디까지 올라갈지, 의구심이 들었죠. 그러더니 거짓말처럼 2022년 말부터 거래가 싹 사라졌습니다. 이후 시세가 하락하기 시작하더니 지금은 급매 가격이 7억 원까지 밀려서 나와요. 요즘은 심지어 6억 원대 매도 호가가 보이는 것을 보면 대체 어디까지 가격이 내려갈지 종잡을 수가 없더라고요. 단기간에 시세가 이렇게 급변하면 중개하는 처지에서 손님을 대할 때 굉장히 어려움이 많습니다."

중개사의 진심 어린 고민을 듣다 보니 그냥 넘어갈 수가 없었습니다. 조심스럽게 한마디 했습니다.

"사장님, 제 생각이니까 그냥 편하게 들어보세요. 동탄권역은 매매 시세가 전세가격의 장기 평균 약 1.8~2배 수준에서 거래되곤 했습니다. 사람들은 매매가격에만 관심을 두다 보니까 전세 시세를 보지 않는 경향이 있는데요. 매매가격은 사실 전세가격의 적정 배율을 지속적으로 유지합니다. 전국적으로는 이 배율이 1.6~1.7배 정도 되는 데 반해 동탄은 늘 좀 더 높은 수준을 유지했지요. 물론 용적률 때문이긴 하지만 이 부분은 잠시 넘어가고, (계산기를 꺼내서) 전세가격을 기준으로 약 1.8~2배 수준의 금액대가 현시점 동탄의 펀더멘털(내재가치)에 근접하는 가격대라고 기준을 잡으시면 어떨까요. 예를 들어 이 단지의 올해 전세 시세를 보면 변동성이 크긴 하지만 약 3억에서 3억 5천만 원 수준에서 유지되는 것 같은데요. 그렇다면 매매가격은 (계산기를 타닥타닥 두드리며) 최소 3억 3천만 원의 1.8배인 5억 9천만 원에서부터 2배인 7억 원 정도의 밴드로 볼 수 있습니다. 즉 이 가격대에서 거래가 된다면 어느 정도 내재가치에 근접했다고 보시면 될 것 같아요. 실거래가를 보면, 요즘 7억 원대가 급매 가격이라고 하셨죠? 그럼 얼추 이 구간에 가까워졌다고 봐야 할 것 같네요."

제가 간단한 곱하기로 내재가치 가격대 구간을 설명하니 중개사는 깜짝 놀라는 표정이었습니다. 저는 이어서 말했죠.

"이건 전세가격이 최고가로 올랐을 때도 동일하게 적용할 수 있습니다. 이 단지의 전세 최고가가 2022년 2월 5억 7천만 원이었는데, 이에 1.8~2배를 하면 10억 2,600만 원에서 11억 4천만 원 구간에서 실거래가가 형성될 수 있습니다. 실제 매매가를 보니까 정말 10억 원대 거래가 적지 않았고 상당 기간 시세가 유지됐습니다. 최고가는 11억 원까지 나왔던 것 같은데 이 공식은 전세가가 오를 때나 내릴 때나 거의 들어맞는 편입니다. 즉, 현재 상황에만 적용할 수 있는 것이 아니라 과거 상승장에서도 역시 설명력이 높은 편입니다. 앞으로는 이를 토대로 적정가격을 계산해서 고객 상담을 하시면 좀 어려움이 줄어들 겁니다. 결론은 전세가격의 적정 배율로 기준 시세를 추산할 수 있다는 것입니다."

동탄역시범우남퍼스트빌 아파트의 2022년 하반기 전세가격 추이

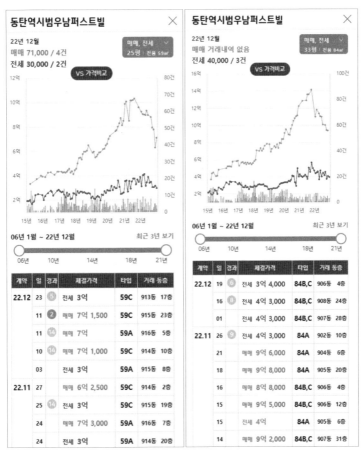

* 전세가격과 매매가격 추이를 자세히 볼 수 있음. 출처: 아실

열심히 듣고 있던 중개사가 연신 놀라는 표정으로 내 손가락과 계산기 숫자를 번갈아 쳐다보더니 이렇게 물었습니다.

"동탄의 매매가격이 전세가의 1.8~2배로 형성되는군요, 과거 가격대를 봐도 신기하게 잘 맞아떨어져서 소름이 돋네요. 그런데 이 배율이 다른 지역에서도 비슷한가요?"

"음… 서울의 일반 아파트는 그 배율이 1.8~1.9 정도 됩니다. 재건축이 예상되는 아파트일수록 이 배수가 급증하고요. 수도권 전체적으로는 현재 1.5~1.6배수 정도 되는데, 동탄은 약간 높습니다. 그건 동탄 아파트들의 용적률이 다소 낮아서라고 생각해도 됩니다만 (이 얘기는 뒤에 자세히 다룰 예정입니다), 하여튼 이 정도만 알아도 크게 가격 때문에 고민할 일은 줄어들 거예요."

"저는 부동산중개업을 오래 했는데 이렇게 아파트 적정가격을 계산한다는 얘기는 처음 들었어요. 대체 이 얘기를 어디서 자세히 들을 수 있나요?"

"…"

● 아파트에도 적정가격이 있다

아파트에도 적정가격이 있을까요? 대다수 사람은 아파트의 적정 시세를 추정할 때, 일정한 가치평가 방법을 사용하기보다는 단순히 시장에서 가격이 오르는지, 내리는지 등 가격 추세만을 중요하게 생각합니다. 유튜브 등 온라인 공간에 등장하는 시장 전문가들의 전망도 "내년엔 가격이 오릅니다"와 같은 막연한 내용이 일반적이에요. 설득력 있는 내재가치를 기준으로 제시하는 경우는 매우 드뭅니다. 상황이 이렇다 보니 주택시장은 다른 어떤 자산시장보다도 더 시세 추종Trend-Following 성향을 띠는 듯한 느낌을 지울 수가 없습니다. 지금 소개하려는 아파트 적정가치 평가 방법을 보유한 이는 더더욱 드물 것입니다.

제가 무척 존경하는 펀드매니저 중에 라쿤자산운용 홍진채 대표가 있습니다. 그는 『거인의 어깨』라는 책에서 이렇게 말했습니다.

"가치 기반 사고를 하지 않는 투자자는 가격이 오르든 내리든 언제나 불안합니다. 시세 변화를 유심히 살피고 재빠르게 대응하려고 합니다. 그게 참 쉽지 않아서 삶이 피폐해집니다."

이는 주식투자자를 위해 쓴 내용이지만, 사실 모든 '투자 행위'를 하는 사람들에게 관통하는 메시지입니다. 당연히 부동산시장도 예외일 수 없습니다.

부동산 역시 가치 기반 사고를 하지 않는 매수자는 가격이 오르든 내리든 언제나 불안합니다. 시세 변화만을 유심히 지켜보다가 재빠르게 대응하려고 합니다. 그런데 이게 주식시장만큼이나 쉽지 않아서 잘못된 판단을 내릴 가능성이 큽니다. 이제 아파트에도 적정가치 평가를 도입해 가치 기반 사고를 할 때가 왔습니다.

급락 중인 아파트를
파는 사람 vs. 사는 사람

　인천 구시가지에 있는 가정동佳停洞의 이름을 풀어쓰면 '아름다운 누각이 있는 정원'이라는 뜻입니다. 2006년 도시재정비사업을 시작하면서 동네 이름을 누각에서 루樓, 정원에서 원苑을 가져와 '루원시티'라고 정했지요. 인천 구도심 정비사업의 성격을 띠는 동시에 다른 신도시가 유난히 많은 지역(송도/청라/검단 등)이기도 해서 제 속도를 내기 어려운 사정이 많았습니다. 10년이 훌쩍 지나 2017년이 되자 사업 진행 속도가 빨라지더니 2020년 즈음해서 아파트들이 속속 준공 허가를 받았습니다. 마침내 루원시티는 다른 신도시에 버금가는 위용을 갖추기 시작했습니다.

　2022년 하반기가 되자 다른 곳과 마찬가지로 루원시티 내 대형 아파트 단지의 시세 역시 사실상 반 토막에 가까운 하락세가 나타났습니다. 2018년 3월에 준공한 1,598세대의 루원시티프라디움이라는 대단지의 전용면적 $85m^2$ 최고가가 2021년 8월에 8억 9,900만 원이었습니다. 루원시티의 최초 분양가격이 같은 평형 3억 5천만 원 수준이었으므로 이는 분양가 대비 약 2.5배 이상 상승한 시세였습니다. 이렇게 치솟던 아파트 가격이 2022년 10월 매매가 4

인천 루원시티프라디움 34평형 매매 실거래 가격 추이

최고가 매매 8.99억 | 전세 6.5억 ❓ | 동별보기 | 그래프

계약	일	경과	체결가격	타입	거래 동층	
	01		매매 7억 9,700	84	107동	12층
21.09	18		매매 7억 9,500	85	101동	22층
	18		매매 8억 4,500	85	111동	12층
	13		계약취소 매매 8억 2,500	85	101동	3층
	11		매매 8억 2,500	85	101동	3층
	08		매매 8억 4,500	85	108동	16층
21.08	26		매매 8억 2,700	85	108동	15층
	24		매매 7억 2,500	84	112동	20층
	23		매매 8억 1,000	85	101동	23층
	04		최고가 매매 8억 9,900	84	101동	25층
	04		매매 8억	85	105동	15층
	01		매매 7억 2,000	84	113동	18층
21.07	31		매매 7억 8,000	85	113동	10층
	23		매매 7억 5,000	85	115동	16층
	17		매매 7억 3,000	85	116동	10층
	15		매매 7억 4,800	84	110동	22층
	13		매매 7억 3,000	85	111동	16층
	12		매매 7억 2,800	85	110동	12층
	10		매매 6억 7,900	84	114동	13층
	06		매매 7억 8,000	85	112동	24층
	03		매매 6억 6,000	85	116동	16층
	03		계약취소 매매 6억 8,000	85	101동	3층
	03		매매 6억 7,000	85	114동	7층
21.06	26		매매 7억	85	115동	6층

출처: 아실

억 7천만 원으로 하락했는데, 하락률이 48%로 사실상 반 토막에 해당하는 가격이었습니다.

루원시티 내 대단지 아파트의 가격이 하락하는데 〈채부심〉에서 현장 답사를 안 갈 수가 없었습니다. 직접 가서 보니, 단지는 총 16개 동이고, 8개 동씩 2열로 배치되어 있어서 한눈에 봐도 동 배치가 잘된 단지라는 것을 알 수 있었습니다.

일단 입주자 모집 공고문을 찾아보았습니다. 2015년 분양 당시의 분양가를 확인해보니 전용면적 85㎡의 경우, 약 3억 3천만~3억 6천만 원이었습니다. 이 중 대지비가 9,500여만 원, 건축비는 2억 5천만 원 수준이었습니다. 2015년 당시에 이 정도 건축비를 들인 단지는 많지 않았습니다. 당시 위례신도시 수준의 건축비인 만큼 상당한 상품가치가 있는 단지라는 생각이 들었습니다(상품가치라는 새로운 용어가 나왔지만, 뒤에서 자세히 설명하겠습니다. 간단하게 말하면 잘 지어진 건물이라는 의미입니다).

답사를 하다 보니 이곳의 건축비가 왜 이렇게 높은지 알 수 있었습니다. 단지 안에 수영장 등 커뮤니티 시설이 그야말로 상당한 수준이었고, 동 배치 및 동 간 간격, 또 단지 가운데를 가로지르는 약 600여 미터 수준의 일자형 산책로는 서울 송파구 헬리오시티에 있는 파크밴드라는 유명한 산책로의 축소판이라 할 만큼 멋있었습니다.

루원시티프라디움의 대지비와 건축비

■ 공급금액 및 납부일정

주택형 (신청 면적)	타입	층	세 대 수	공급금액			
				대지비	건축비	부가세	계
84.9917	84A	3층	28	95,057,900	244,442,100	–	339,500,000
		4층	28	95,057,900	236,442,100	–	331,500,000
		5층~ 차상위층	558	95,057,900	244,442,100	–	339,500,000
		최상층	28	95,057,900	269,442,100	–	364,500,000
	84B	3층	16	95,062,710	244,437,290	–	339,500,000
		4층	16	95,062,710	236,437,290	–	331,500,000
		5층~ 차상위층	320	95,062,710	244,437,290	–	339,500,000
		최상층	16	95,062,710	269,437,290	–	364,500,000
	84C	3층	16	95,063,830	244,436,170	–	339,500,000
		4층	16	95,063,830	236,436,170	–	331,500,000
		5층~ 차상위층	320	95,063,830	244,436,170	–	339,500,000
		최상층	16	95,063,830	269,436,170	–	364,500,000
	84D	3층	4	95,061,700	244,438,300	–	339,500,000
		4층	4	95,061,700	236,438,300	–	331,500,000
		5층~ 차상위층	80	95,061,700	244,438,300	–	339,500,000
		최상층	4	95,061,700	269,438,300	–	364,500,000

출처: 루원시티프라디움 입주자 모집 공고문

다만, 실거래 매매 시세가 거의 50% 가까이 단기간에 하락하고, 이 단지뿐 아니라 다른 인천권 신도시들의 가격 하락률 역시 상당히 높게 나오고 있을 때다 보니, 앞으로 당분간은 하락세가 이어질 것이라는 전망이 다수였습니다. 답사를 마치고 촬영본을 〈채부심〉 유튜브 채널에 올렸을 때 가격 전망에 대한 댓글 반응도 비슷했습니다. 전체 부동산시장이 대세 하락 국면이라서 시세는 더 떨어질 것이라는 생각이 지배적이었습니다.

● 아파트 가격은 언제 안정화되는가

이 단지의 답사 영상을 만들면서 저는 처음으로 부동산의 적정가격을 암산으로 쉽게 도출하는 공식, 즉 제가 '소름공식'이라고 이름붙인 계산법을 사용해 설명했습니다. 이 공식을 적용하는 것은 생각보다 간단합니다.

한마디로 정리하면, 아파트 매매가격은 전세가격의 약 1.6~1.7배 선에서 형성된다는 것입니다.

당시 이 단지의 전세가는 약 3억 원대에서 유지되는 상태였습니다. 그뿐만 아니라 코로나 이전에도 그 정도 수준이었습니다. 따라서 소름공식(전세가격의 1.6~1.7배)에 따르면 적정 아파트 가치는 약 4억 8천만 원에서 5억 1천만 원대가 나오고 당시 실거래가는 이 구간 안에 들어왔다고 볼 수 있었습니다. 11월 초에 촬영을 나갔기에 당시에는 10월 실거래 가격이 확인할 수 있는 마지막 데이터였습니다. 살펴보니 연속해서 4억 7천만 원, 4억 7,600만 원이 찍혀 있었습니다. 데이터를 보자 '적정가치 구간에 들어왔으니 이쯤에서 거래되면서 이 단지의 아파트 가격이 안정화될 가능성이 크다'라고 판단했습니다. 그러나 제 판단과 달리 당시 분위기가 대세 하락 시기여서 가격 하락이 이어질 거라는 의견이 팽배했습니다.

저는 처음으로 유튜브 영상을 통해 아파트 가치평가 방식을 소개하면서 해당 단지뿐만 아니라, 루원시티 전역에서 전세가의 1.6~1.7배 수준까지 실거래가가 근접한 단지들은 하락이 일단락되었을 가능성이 크다는 다소 대범한 전망을 했습니다. 역시나 당시 급락하는 시장 분위기와 맞지 않아서 상당한 비판을 받았습니다. 어쩌겠습니까. 그것이 자산시장을 대상으로 전망하는 사람들이 항상 받는 부담이지요.

제가 이 단지를 다른 지역보다 더 오래 들여다본 데는 다 이유가 있었습니다. 2022년 하반기에 최저가 거래인 4억 7천만 원 매매 건은 사실 매우 충격적이었기 때문입니다. 아파트 실거래를 보여주는 사이트 '아실(asil.kr)'을 통해서 확인해보니, 2020년 11월 17일에 5억 9,800만 원에 매수하고, 같은 날에 4억 9천만 원으로 전세를 맞춘 소위 1억 원대 갭투자*였습니다. 그런데 이 아파트를 매수 시점으로부터 대략 2년이 지난 2022년 10월 25일에 매매가격이던 5억 9,800만 원 대비 1억 2,800만 원이 하락한 4억 7천만 원에 시세 최저가로 매도한 것입니다. 불과 2년 만에!

해당 아파트를 사고판 경위를 자세히 알 수는 없지만, 2년 안에

● 갭투자는 매매가격과 전세가격 차이를 이용하여 전세를 끼고 매수한 뒤 시세차익을 내는 투자를 말한다.

전세 끼고 매입 후 2년 지나 손실을 확정 짓는 거래를 한 사례

22.10	29	매매 4억 7,600	84	114동 12층
	25	매매 4억 7,000	84	102동 18층

102동 180*호		동,히스토리 삭제
22.10.25 매매	4억 7,000만	1년 11개월 -1억 2,800만 ↓
20.11.17 매매	5억 9,800만	
20.11.17 전세	4억 9,000만	

출처: 아실

이렇게 사고팔기를 반복한 것을 보면 대충 상황을 짐작해볼 수 있습니다. 아마도 매수자가 서서히 진행되던 가격 하락 추세에 심리가 흔들리다가 마침내 2022년 하반기 급락세를 맞닥뜨리자 당황했을 겁니다. 1억 원 내외의 투자금 전액을 잃더라도 지금 매도하는 것이 옳다고 판단한 것 같습니다. 2년을 다 채우지도 않았고 매수금액이 매도금액보다 낮으니 양도소득세가 부과될 리도 없습니다. 아마도 매수자는 2년 중 1년은 올라가는 가격을 보면서 매우 행복해하다가, 이후 하락하는 가격을 보면서 무척 고통스러워하지 않았을까 싶어요. 누군지도 모르는 사람의 매수-매도 과정을 짐작해보는 것만으로도 상당한 고통이 전해져 옵니다. 손실은 누구에게나 아프게 마련이니까요.

● 시세 추종형 매매가 위험한 이유

앞서 소개한 매매 패턴은 '오를 때 사고, 내릴 때 파는', 이른바 '시세 추종형 거래'에 가깝다고 할 수 있습니다. 이런 시세 추종형 매매는 주식과 같은 유동성이 큰 상품에서는 상당히 유용한 전략일 수도 있지만, 빈번하게 거래하기 힘든 아파트 같은 자산에도 적용할 만한 좋은 전략인지는 의문이 남습니다. 저는 무엇보다도 시세 추종이라는 개념 그 자체를 높이 평가하지 않습니다. 그런데도 현실 속 아파트 매매에서는 어쩌면 적정가치 평가를 한 후 매매하기보다 시세를 보고 평가하는 시세 평가형 매매전략이 더 일반적이라는 사실을 새삼 깨달은 순간이었습니다.

이 손실 거래 후 불과 4일 만인 2022년 10월 29일에 또 다른 매수자가 나타났습니다. 그는 이 아파트를 최저가에 가까운 4억 7,600만 원에 매수했는데, 이 또한 전세 4억 2천만 원을 끼고 자기자본 5,600만 원으로 갭투자형 매수를 한 것이었습니다. 이런 혹독한 시기에 전세가율 90%에 육박하는 수준의 갭투자 매수라니, 그야말로 두려움을 모르는 야수의 심장을 가진 사람이 아닐까요?

해당 건은 2021년 5월 17일에 설정된 4억 2천만 원의 전세를 안고 매입한 갭투자인데, 인천권 지역의 동일 평형 전세가격이 4억 원대에서 3억 원대 이하의 가격으로 조정 중이었습니다. 루원시티

전세가율 90%에 달하는 갭투자형 매수 사례

22.10 29		매매 4억 7,600	84	114동 12층

114동 120*호 | 동,히스토리 삭제

22.10.29 매매	4억7,600만	
21.05.17 전세	4억2,000만	1년 1개월 +1억2,000만 ↑
20.04.17 전세	3억	2년 +1억 ↑
18.04.26 전세	2억	

출처: 아실

뿐만 아니라 검단, 청라, 송도 등 전역에서 2022년 하반기부터 전세가격이 내려가던 역전세● 시기였습니다. 그 때문에 이 주택의 매수자 역시 2023년에 임차계약일 2년이 되는 시점에 전세가격이 3억으로 내려간다면 기존 임차인에게 내려간 전세대금 차액인 1억 2천만 원을 내줘야 하는 일이 생길 수 있습니다. 아마도 역전세의 환경에서 매도자는 어쩔 수 없이 매각한 것이고, 매수자는 이를 잘 알면서도 매수했을 것입니다. 중요한 것은, 같은 4억 7천만 원대 아파트에 대해서 어떤 사람은 이 가격이 매력적이라고 느껴서 최소한의 자기자본으로 아파트 구입에 나섰다는 사실입니다.

불과 1주일도 안 되는 기간에 같은 단지에서 두 건이 거래되었는

● 역전세는 전세 계약 시점보다 계약 만기에 전셋값이 떨어진 상황이다.

데, 한 건은 1년 만에 1억 2,800만 원의 손실을 확정하고 매도했으며, 다른 한 건은 하반기 전체 두 번째로 낮은 가격인 4억 7,600만 원에 매수했습니다. 그리고 이 4억 7천만 원의 가격이 단기 최저가격이 되면서 이후 거래 가격은 4억 원 후반에서 5억 원대 초반으로 형성되고 있습니다.

이 두 건의 거래에 어떤 논리, 어떤 평가가 작동했는지 당사자가 아닌 이상 정확하게 알 수는 없습니다. 그러나 2년 만에 손실을 확정한 매도자 처지에서 한번 생각해볼까요. 만약 그분이 아파트의 매매가격이 전세가격의 1.6~1.7배 수준에서 형성된다는 간단한 가치평가 방법, 즉 소름공식을 미리 알았더라면 어땠을까요? 그렇다면, 무리해서 4억 7천만 원이라는 최저가격에 파는 일은 없지 않았을까 싶습니다. 물론 거래의 속사정은 당사자만 알 수 있어서 그가 어떤 생각으로 채 2년도 되지 않아 그런 식의 부동산 매매 거래를 했는지 알 길은 없습니다. 다만 겉으로 드러난 사실만 보면 결국 1억 2,800만 원의 손실을 2년 만에 기록한 거죠. 물론 이것이 사후 '생존 편향Survivorship bias'●의 분석일 수도 있습니다. 해당 단지가 4억 7천만 원 이하로 더 내릴 수도 있었을 테니까요. 그리고 지금도 시장 하락세는 이어지니까 미래에 이보다 더 낮은 가격이 나오지 말

● 어떤 과정에서 '살아남은' 사람이나 사물에만 집중하고, 그렇지 못한 것은 눈에 보이지 않기 때문에 무심코 간과하는 논리적 오류.

라는 법도 없습니다.

그러나 매도를 통해서 손실을 확정 지으려는 순간에라도 최소한 적정가치를 고민해볼 수 있다면, 급변하는 시세에 좀 더 느긋한 마음으로 대응할 수 있지 않았을까 하는 아쉬움이 듭니다.

시세를 중시하다 보면 타이밍에 함몰됩니다. 정확한 타이밍은 애초에 잘 고르기가 어렵습니다. 전문가들이라고 다르지 않습니다. 시세 기반의 타이밍 중심 전략보다는, 가치 기반의 가격 전략을 도입해야 하는 이유입니다.

홀짝게임 같은
시장 전망

올해는 부동산시장이 어떻게 흘러갈까요? 연말이나 연초가 되면 여기저기서 전망이 쏟아져 나옵니다. 대개 전문가들이 방송이나 유튜브 영상에 출연해서 '올해 시장은 오른다 혹은 내린다. 오른다면 몇 퍼센트 폭으로 오를 거다'라는 식으로 전망하곤 합니다.

과거에는 KDI(한국개발연구원), 건설산업연구원, 주택산업연구원 같은 공적 기관들이 이런 전망을 도맡아 했습니다. 저는 2011년 여의도 증권사 소속 애널리스트로서 2015년부터 시장을 전망하기 시작했습니다. 비슷한 시기에 다른 여의도 증권사 건설/부동산 애널리스트들도 이런 부동산시장 전망 대열에 합류했지요. 저를 포함해 이들을 '여의도학파'라고 부르기도 했습니다.

부동산 투자가 활성화하면서 시장을 전망하는 주체도 다양화, 다 변화했습니다. 특히 최근에는 온라인 인플루언서들이 시장 전망을 내놓기도 합니다. 자신을 드러내고 직접 하는 사람이 있는가 하면 남이 해놓은 전망을 그대로 소개하면서 마치 자신의 견해인 양 포장하는 사람도 적지 않습니다. 이제는 부동산시장 전망이 기관, 증권사, 부동산 인플루언서, 유튜버까지 참전하는 그야말로 치열한 전쟁터를 방불케 합니다.

시장 참여자들에게 자산시장 전망은 매우 중요합니다. 부동산과 달리 주식시장은 전망할 때 범위를 체계화해서 내놓습니다. 시장지수를 전망한다면 구체적인 지수 범위를 제시하는 식입니다. 예를 들면 2023년 코스피 시장 전망은 최대 2800포인트에서 최저 2100포인트라는 식으로 상단과 하단 구간을 정해서 이야기합니다.

부동산시장 전망은 어떨까요? 부동산시장 전망은 이런 가격 범위 개념이 아니라 거의 예외 없이 '오른다 또는 내린다'로 일종의 홀짝게임에 가깝습니다. 물론 전업 전문가가 아닌 유튜버 등의 인플루언서들이라면 어느 정도 이해할 수 있습니다. 그런데 관련 연구기관에서 주택시장을 전망할 때조차 '매매가 상승 2.5%, 전세가 상승 2%'라는 식으로 예언하는 수준입니다. 언뜻 봤을 때는 이런 퍼센트 제시가 정확한 것처럼 느껴지지만, 큰 틀에서 보면 홀짝게임과 다를 바가 없습니다. 예컨대 내년에 10%가 오른다고 전망했는데 8.5%가 올랐다면 틀린 걸까요, 맞는 걸까요?

이런 홀짝게임과 같은 전망이 부동산시장에 유난히 많다 보니 전문가들에게 하는 질문도 "내년에 시장이 오를까요? 내릴까요?" 같은 양자선택형이 대부분입니다. 결국 '오를지 내릴지 맞혀주세요'라고 요구받는 것과 같습니다. 지금도 유튜브에 내년도 부동산 전망을 검색해보면 위와 같은 화면들이 주르륵 펼쳐질 거예요.

저 또한 유튜브 채널 〈채부심〉을 운영하는 만큼 유튜브 알고리즘과 조회 수를 높이기 위한 노하우가 적잖게 쌓였습니다. 제목만 봐도 클릭하고 싶게 만들고 섬네일에서 이를 과장하는 것은 유튜브 매체의 특성이라고 볼 수 있습니다. 위 예시 화면들도 다분히 매체 특성을 반영한 형태입니다.

제목이 어떻게 달려 있든 하나같이 전망이라고 하면 가격에만 초점이 맞춰져 있고, 그 핵심은 오르는지 혹은 내리는지 또는 유지되는지 중 하나를 선택하는 것이어서 결국은 홀짝게임으로 귀결됩니다. 가격대를 전망하는 전문가는 찾아보기 힘듭니다. 이런 상황에서 누군가의 전망은 틀릴 수밖에 없습니다. 아니 반드시 틀리게 되어 있습니다. 이건 확률의 문제니까요.

사실 교육 수준이 높은 사람들도 동전 던지기에서 '앞면-앞면-앞면-뒷면-뒷면-뒷면'이 나올 확률이 '앞면-뒷면-앞면-뒷면-뒷면-앞면'과 같은 흐름이 나올 확률과 다르다고 착각하곤 합니다. 실제 둘의 확률은 똑같은데도 말이죠. 시장 전망이 오로지 가격이 상승하는지, 혹은 하락하는지 맞히기만을 요구하고, 확률상 틀린 사람은 철저히 무시받아, 생존한 사람들만 남아서 계속 주사위를 던지는 사회가 된다면 과연 어떤 결과가 벌어질까요? 어쩌면 우리는 이미 그런 상황을 목도하고 있는지도 모르겠습니다.

● 확률상 누군가는 틀릴 수밖에 없는 부동산시장 전망

실제로 코로나가 시작되던 2020년에 향후 부동산시장이 어떻게 될지에 관한 전망을 너도나도 했습니다. 그때 부동산시장의 강세장을 전망한 사람들이 살아남았죠. 다시 그들 중 일부가 2022년 초에 주택가격 강세장이 올 거라며, 구체적으로 말해 2022년 8월에 전세대란이 찾아오고, 그 영향으로 전세가격이 치솟아 매매가격과 차이가 좁혀져서 다시 주택가격이 상승할 거라는 예측으로 살아남았습니다. 결국 이런 홀짝게임과 같은 전망 전쟁에서 상승장을 선택해 다년간 살아남은 전문가들이 유튜브를 지배했습니다.

하락장을 선택한 전문가는 한 번의 실수로 시장에서 사라진 지 오래입니다. 감히 불경스럽게 시장이 하락한다고 전망하다니! 시장은 철저히 가격 중심으로, 오직 결과만으로 평가한 것입니다. 이미 이렇게 살아남아 2022년 유튜브를 지배하던 인플루언서들의 관점은 한쪽으로 치우칠 수밖에 없겠지요. 하나로 통일된 의견들만 거대하게 뭉쳐 존재하는 상태가 정말 건강한 자산시장의 모습이라고 할 수 있을까요?

전망을 잘하는 사람이 많건 적건, 시장은 자신만의 원리로 제 갈 길을 갑니다. 2022년 6월 이후 전국의 부동산시장은 본격적인 약세장에 진입했습니다. 9월부터는 미분양마저 3만 2천 호에서 4만 호로 직전 달보다 8천 세대 이상 치솟으며 시장에 부담을 주기 시작했습니다. 주간 가격 동향상 처음으로 소수점 첫째 자리를 넘는 수준을 넘어 1%대 하락을 기록하자(1주 만에 1% 하락이라니!) 공황과도 같은 약세장이 펼쳐졌습니다. 이와 동시에 온오프라인 부동산 커뮤니티 등에서는 강세장을 전망한 사람들을 향해 이전과는 정반대의 반응이 나타났습니다.

2022년 강세장을 전망한 사람들, 그러니까 앞선 홀짝게임에서 살아남아 유튜브를 지배했던 이들을 향해 '영끌 5적'이라는 등 온갖 비난을 퍼부으면서 책임지라는 댓글들이 쏟아진 것입니다. 비난의 본질은 '틀렸으니 책임져라! 너 때문에 손해 봤다. 못 벌었다'가 대부분이었습니다. 거의 모든 전문가가 그렇듯이 저 역시 2년 전에 비슷하게 비난을 받은 적이 있어서 마음이 편치 않았지요.

왜 이런 현상이 반복될까요? 그 이유는 부동산시장을 '가치의 변화'보다는 오직 '눈에 보이는 가격'으로만 바라보기 때문입니다. 주식시장에서도 이런 모습을 흔히 볼 수 있습니다. 시세만을 추종해서 판단하면 올라갈 때는 매수 단가를 높여서 사야 하고, 내려갈 때는 반대로 단가를 내려서 팔아야 합니다. 이를 '올려서 산다, 혹은 밀면서 판다'라고 표현합니다. 그런데 이런 매매는 반드시 거래비용의 폭증을 가져오고 총 투자수익률에 악영향을 미칩니다. 이를 주식에서 '슬리피지(slippage, 미끄러진다는 뜻으로 거래비용을 의미)'라고 하는데 부동산에도 슬리피지가 존재합니다. 무엇보다도 건전한 의사 판단을 막아버리는 것이 문제입니다. 만약 가격 순환 주기가 지극히 짧을 때 이런 매매를 반복하면 불과 한두 번만에도 자산은 사실상 눈 녹듯이 사라지고 맙니다. 부동산은 비싸니까요.

부동산 매매를 가격과 시세만을 추종해서 판단해서는 안 됩니다. 시세 추종형 판단에서 가치 추종형 판단으로 사고의 전환이 시급합니다. 시장 전망 측면에서도 오를지 내릴지에만 집중할 것이 아니라 가치 추종형 전망을 하는 것이 훨씬 더 나은 성과로 이어진다는 사실을 유념해야 합니다.

가치평가가 꼭 필요한
부동산시장

> "서울의 경우 (가구소득 대비 주택가격 비율이) 18배에 이르러 금융
> 위기 직전 8배보다 높고, 금융위기 직후 10배보다도 지나치게
> 높다."
> ―국토부 장관, 2022년 국토교통위원회에서

누구나 물건을 살 때 '좋은 가격'에 사고 싶어 합니다. 그런데 매수하기에 '좋은 가격'이란 있을까요? 주식투자를 할 때 '적정주가'라는 개념을 많이 사용합니다. 이렇게 적정주가를 계산하는 것을 밸류에이션 혹은 가치평가라고 부릅니다. 대표적으로 적정주가를 계산하는 방법으로 PER(주가수익비율), PBR(주가순자산비율), PSR(주가매출비율)과 같은 공식들이 있습니다. 그런데 사실 이는 가치를 설명하는 지표에 더 가깝고, 구체적인 가치평가는 좀 다른 개념이지요.

가치지표란 현재 상태를 보여주는 것이고, 가치평가는 가격이 혹은 가격을 구성하는 내용이 지금 적절한지, 부적절한지(쉽게 말해 가격이 싼지 혹은 비싼지)를 판단하는 것을 말합니다. 앞에서 인용한 국토부 장관의 말에서도 PIR이 18배라는 것은 가치지표일 뿐입니다. 그런데 그는 '지나치게 높다'라는 평가까지 했기 때문에 이는 매우 수준 높은 발언이기는 하나 평가 없이 지표만 말하는 것은 실제 시장에서 거래하는 주체들에게는 구체적인 도움이 되지 않지요. 예를 들어, "한국 주택시장의 PIR이 18배다"까지만 말하는 것은 도움이 안 되며, "18배라서 비싸다"까지 언급해야 도움이 된다는 이야기입니다.

이런 가치지표나 가치평가 방식이 발달한 곳이 주식시장입니다. 예컨대 신규 2차전지 업체가 상장을 했다고 칩시다. 이 업체의 작년 PER이 20배인 경우, 다른 상장된 2차전지 업체의 PER이 30배인 경우와 비교해서 '싸다'라고 평가합니다. 좀 더 깊이 들어가서 왜 20배인지, 왜 30배인지를 알려면 성장률과 요구수익률이라는 개념까지 고려해야 하지만, 일단 단순한 상대 비교로도 이 말은 어느 정도 들어맞습니다.

당연히 부동산시장에도 이런 지표가 있긴 합니다. 우선 대표적으로 2022년 내내 여러 매체에서 자주 언급된 PIR이 있습니다. 이는 가구소득(세전 기준) 대비 주택가격의 비율입니다. 식으로 표현하면 다음과 같습니다.

PIR = 주택가격/가구소득

예를 들어 8천만 원의 가구소득과 8억 원의 주택가격을 변수로
넣으면 이때의 PIR은 10배가 나옵니다. 현실에서는 분자인 주택가
격과 분모인 가구소득이 모두 변하므로 PIR도 계속 변할 수밖에 없
습니다. 장기적으로는 PIR이 일정한 범위 안에서 움직여왔습니다.
아래 도표를 볼까요.

가구소득 대비 주택가격 비율(PIR) 추이

출차: KB데이터허브

위 도표는 KB데이터허브에서 제공하는 서울과 전국의 3분위 중위 주택가격에 대한 3분위 소득을 기준으로 그린 PIR 추세입니다. 서울의 경우, 상당 기간 하향 안정화하다가 2014년을 전후로 바닥을 찍더니 완만히 상승, 2020~2021년 급상승하는 것이 보입니다. 2020~2021년 PIR 18배 수준의 서울 주택가격은 장기 평균 PIR인 10~12배를 웃돌기에 '장기 평균가격 대비 고평가'라고 판단할 수 있습니다. 서울 3분위 주택의 PIR 최고점은 2021년 12월의 19배였습니다. 이 지수는 빠르게 내려와서 2022년 9월 기준 17.64배까지 하락했습니다. 전국으로 확대해서 보면 그 배수가 최고점 7.6배에서 2022년 9월 기준 7.1배로 내려온 상황입니다.

● PIR로는 부족한 아파트 가치평가

PIR 지표는 서울-전국-수도권 등을 포괄하는 광역 지표입니다. 시장 전체의 가격 수준을 설명하기에는 적합하죠.

나라마다 PIR 지표에 다른 기준을 사용하기도 합니다. 모든 주택 중에서 중위 주택가격, 모든 소득 중에서 중위 소득만을 이용하는 곳도 있습니다. 자가 보유 가구 기준으로 중위 주택과 중위 소득을 계산하는 곳도 있습니다. 이렇다 보니 국가 간에 PIR을 비교하는 것이 부적절한 부분도 있습니다. 다만 통계기관에서 장기 시계열상으로 판단할 때는 유용합니다.

51쪽 도표에서 KB가 제공하는 PIR 통계를 보면, 2021년 12월에 정점을 기록한 이후 고점 대비 다소 내려왔지만, 장기 평균 PIR 대비 아직 높다고 평가할 수 있는 상황입니다.

그런데 이 PIR 지표를 개인이 아파트를 구매할 때 적용할 수 있을까요? 이는 쉽지 않은데요. PIR은 '시장' 지표이지 '개별 아파트' 지표가 아니기 때문입니다. 사실 이 부분이 부동산 투자에서 가장 큰 문제점입니다. 그리고 가장 큰 리스크도 바로 여기에 있습니다. 아파트 투자가 위험하다는 것은 얼핏 이해가 가지 않는데 왜 그런 걸까요? 주식이 더 위험한 것이 아닌가요?

금융시장의 발달과 함께 주식시장은 창조적인 상품을 개발했습니다. 다름 아닌 ETF(상장지수펀드)라는 새로운 개념의 투자 수단인데요. 특정 주가지수의 움직임에 따라 수익률이 결정되는 펀드입니다. 주식투자자들은 ETF가 등장한 이후에야 '시장 전체'를 매수할 수 있게 됐습니다. 이렇게 시장 전체를 매수할 수 있다면 '시장 상황'을 설명하는 지표를 참고해서 거래하는 것이 나름의 의미 있는 전략이 될 수 있습니다.

현재 ETF는 더욱 세분화하여 발달해서 전체 시장뿐 아니라 나스닥, 혹은 S&P 500지수, 미국 상장 중소기업, 한국 코스피시장, 코스닥시장, 혹은 2차전지 섹터, 반도체 섹터 등으로 특정 아이디어로 조합된 개별 시장 전체를 바구니에 담듯이 바스켓 매수를 할 수 있습니다. 투자자를 위한 편의를 극대화한 것이지요. 자연스럽게 투자자는 개별 종목만을 보유하는 데 따르는 리스크를 분산할 수 있어서 좋습니다. 중요한 점은 '시장 전체를 산다'라는 행위를 통해 특정 한 종목만을 사야 하는 상황에서 벗어날 수 있게 된 것입니다. 가령 시장 전체로는 올랐는데, 특정 기업은 하락할 수 있잖아요? 그 때문에 시장 전체를 산다면 그 하락한 기업을 살 위험을 헤지 Hedge 하게 됩니다.

그리고 '시점'마저 분산해서 매입할 수 있다는 것은 또 다른 장점입니다. 한 번에 모두 투자하는 것이 아니라 시점을 나눠서 여러 번에 걸쳐 매입해 리스크를 한 번 더 줄일 수 있는 것이지요. 앞에서 타이밍 전략이 중요하긴 하지만 쉬운 판단이 아니라고 했는데요. 그런데 타이밍을 '분산으로 대응한다'는 것은 매우 효율적으로 위험 회피를 가능하게 하는 대안입니다.

그러나 주식시장과 정반대로 아파트 거래 시장은 모든 위험이 몰려 있는 형국입니다. 설령 어떤 정부의 정책이나 공급 이슈, 혹은 세금 제도나 유동성과 같은 종합적인 상황으로 부동산시장의 강세를 예상하더라도 시장 전체를 살 방법이 없습니다. 즉 본인이 아무리 부동산 강세장이 올 것이라고 확신하더라도 결국 살 수 있는 것은 개별 단지의 아파트이고, 그 단지 안에서도 특정 동, 특정 호수일 뿐이지요. 만에 하나 어떤 단지, 동과 호수를 잘못 선택한다면 모든 리스크를 한꺼번에 떠안아야 하는 것은 두말할 필요도 없고요. 더구나 분할 매입도 안 되기 때문에 타이밍을 분산하여 사는 전략을 쓸 수도 없습니다. 이런 점들을 고려하면 아파트를 사려는 사람들이 오로지 타이밍에만 집중하는 것은 어쩌면 당연한 일인지도 모릅니다. 문제는 이렇게 타이밍에만 집착하다 보니 가격 전략인 적정가격에 대한 고민을 많이 하지 못한다는 것이에요.

● 주식시장보다 몇백 배 어려운 아파트 거래

주식시장에서 날고 기는 투자 천재들도 아파트 매수라면 머리를 절레절레 흔들 거예요. 현재의 부동산시장을 주식시장에 비유해볼게요. 강세장을 예측하고 선진국보다는 신흥국, 그 안에서도 반도체 섹터에 주목했고 실제로 신흥국 반도체 섹터 전체가 다른 섹터 대비 초과 상승했는데, 여기까지 잘 맞혀놓고도 오직 한 종목만을 콕 집어 한 시점에 집중 매수해서 리스크를 분산하지 못하고 실패할 수 있는 것이 바로 아파트 매수인 것입니다. 정말 투자에 있어서 극한의 극한을 추구해야 하는 것이 아파트 시장이라고 할 수 있지요.

이처럼 부동산은 개별 거래에 상당한 자금을 투입해야 하는 '올인-리스크'가 잠재돼 있습니다. 한마디로 한 번의 선택으로 '타이밍'과 '가격'을 모두 결정해야 합니다. 여러 채를 여러 연도에 나눠서 산다면 어느 정도 리스크를 분산할 수 있겠지만, 1주택 실수요자들에게 이러한 전략은 요원한 이야기일 뿐입니다.

실제로 이런 '올인-리스크'의 피해 사례가 적지 않게 나타났습니다. 2006년 부동산 가격 폭등기에 아파트값에 거품이 가장 많이 끼었다고 평가받은 버블세븐 지역●의 아파트들이 평형과 상관없이 이름 그대로 상승세를 보여줬는데요. 이후 약세장이 찾아왔고 다시 6~8년의 세월이 흘러 강세장이 돌아오는 과정이 있었습니다. 이때 과거에 대형 평형대를 보유한 사람들은 주택가격이 원금을 회복하는 데 소형 아파트보다 3~4년이 더 긴 약 10여 년의 시간이 필요했습니다. 상품이 만들어진 시점, 그러니까 물가 상승 등이 반영되지 않은 그대로의 가치인 명목가치로 원금을 회복하는 데 10년 이상이 걸린 것이죠.

이런 사례가 비단 여기뿐일까요? 저는 과거에 당산반도유보라팰리스(2010년 준공, 299세대, 용적률 246%)라는 단지에서 4년간 살았습니다. 2010년에 준공했다는 것은 아파트 단지가 꽤 잘 조성된 것을 의미하는데요. 실제 해당 단지는 2008년 글로벌 금융위기에 대형 평형 중심으로 공급한 서울 아파트였고, 전용면적 158㎡(56평형)의 경우 분양가가 11억 9천만 원에서부터 13억 9천만 원에 이를 정도

● 당시 아파트값이 가장 많이 오른 7개 지역인 서울 강남구, 서초구, 송파구, 양천구, 경기도 용인시, 분당신도시, 평촌신도시를 지칭한다.

로 높았습니다. 그런데 이 단지의 시세가 이 금액으로 다시 돌아온 것은 2020년이었습니다. 명목가치인 분양가격을 회복하는 데 무려 10년이 걸렸습니다.

서울숲 힐스테이트 입주자 모집 공고

입주자 모집 공고문에 인기 탤런트 고소영의 얼굴이 크게 나와 있는 서울 성동구의 서울숲힐스테이트는 '힐스테이트'라는 아파트 브랜드를 처음으로 사용한 단지였습니다. 이 단지의 전용면적 151㎡(55평형)의 분양가는 10억 9천만 원 선이었는데, 준공 이후 부동산시장이 약세장으로 돌아서면서 10년 가까운 기간 동안 제자리를 지킬 수밖에 없었다는 것도 잘 알려진 사실입니다.

주식시장에서 한 종목에 집중 투자하듯이 부동산시장은 개별 아파트에 대한 매수 혹은 매도를 판단해야 합니다. 주식시장의 유명한 격언인 달걀을 한 바구니에 담지 말라는 말이 무색하게 달걀을 한 바구니에 담는 투자가 아파트 투자인 것입니다. 타이밍과 가격 전략을 나누어서 활용할 수 있는 주식시장과 비교한다면 그 리스크의 크기가 비교할 수 없을 정도로 높습니다. 더구나 선택한 단지의 세대수가 적다면 매매가 잘 안 되는 유동성 리스크에도 노출되는 것이죠.

부동산 가격 변동성이 낮고, 하락할 위험이 낮은 구간에서는 큰 문제가 아닐 수도 있습니다. 하지만 경제위기가 주기적으로 나타나는 상황에서는 아파트 매매 거래 한 번에 어쩌면 몇 년 혹은 평생 모아둔 전 재산을 모두 날릴지도 모를 위험이 있습니다. 단 한 번의 거래로 개인 혹은 가계에 이렇게 큰 리스크를 안기는 또 다른 시장이 있을까요?

이렇게 큰 리스크를 안고 '개별 아파트'를 사야 한다는 단점이 명백함에도 불구하고 아파트 적정가치를 평가하려는 시도나 그 방법이 제대로 발전하지 못했다는 것은 정말 아이러니합니다. 요즘 부동산시장은 단순히 시세의 상승과 하락만을 예측하는 홀짝게임이 되어버렸습니다. 안타깝게도 그것이 현 부동산시장의 민낯입니다.

몇만 원으로도 시작할 수 있는 주식과 비교할 수 없을 정도로, 전성기 소득의 10~12배 이상을 단 한 건의 거래로 모두 소진하면서 투자에 나서야 한다는 점을 떠올려보세요. 우리가 30세부터 60세까지 대략 30년을 일한다고 가정하면 전체 기간의 3분 1에서 2분의 1 이상에 해당하는 소득을 단 한 번에 베팅해야 한다는 계산이 나옵니다. 그리고 확률은 상승 혹은 하락의 2분의 1에 가까우니, 그야말로 가장 비싼 홀짝게임에 베팅하는 것입니다. 이는 주식시장보다 몇 배에서 몇백 배는 리스크가 더 크다고 봐야 합니다. 그런데도 많은 사람이 주식보다 부동산을 더 안전하다고 생각하는 것 역시 아이러니가 아닐 수 없습니다.

아파트 투자는 이렇게 위험하지만, 한편으로 '주거'를 위한 필수 항목이기도 하여 누구나 반드시 해결해야 할 숙제이기도 합니다. 주거 공간 없이 생활하는 것은 어려운 일이니까요. 그래서 그 어떤 다른 상품보다 가치평가를 판단의 최우선 기준으로 삼아야 합리적인 의사결정을 할 수 있습니다. 아파트야말로 주식보다 더 무조건 가치평가를 해야 하는 대상입니다.

앞으로 '무조건 1주택은 매수해놓고 본다'라는 상투적인 말은 잊어버리세요. 한평생 모은 돈을 근거 없는 선동에 휘둘려 날려서는 안 됩니다. 유튜브든 어떤 매체에서든 떠들어도 명심하세요. 아파트야말로 내가 할 수 있는 가장 최고의 가치평가 수단을 총동원해서 가격이 적정할 때 매수해야 하는 물건이라는 것을요!

부동산은 입지가치와 상품가치의 총합입니다.

그래서 부동산 가치를 분석할 때 이 2가지에서 시작하지요.

입지가치와 상품가치를 직관적으로 파악할 수 있는 방법을 소개합니다.

2부

아파트 가치를
구성하는 요소

입지가치와
상품가치는 뭘까

부동산은 토지와 건물로 이뤄집니다. 주택 역시 토지와 건물로 구성되어 있지요. "단독주택은 눈에 보이는 그대로 토지와 건축물 구분이 명확한데, 공동주택인 아파트에도 토지가 있다고요?"라고 질문하는 분도 있을 거예요. 당연히 아파트 역시 세대별 대지지분이 존재합니다. 등기부등본에 명확히 그 면적까지 기재되어 있지요. 한마디로 모든 형태의 주택이 토지와 건축물로 구성되어 있습니다.

주택이 토지와 건축물로 구성된다면 자연스럽게 토지의 가치와 건축물의 가치가 그 부동산의 전체 가치가 되겠지요. 하지만 이런 식의 생각을 방해하는 너무나 유명한 글귀가 있습니다.

"Location, Location, Location"
–해럴드 새뮤얼 경(Lord Harold Samuel)

1987년 부동산 재벌인 해럴드 새뮤얼 경이 사망하기 전에 한 말이라고 합니다. 이 말은 우리 사회에 '부동산은 첫째도 입지, 둘째도 입지, 셋째도 입지'라고 번역되어 전파됐어요. 부동산은 입지가 주는 가치가 너무나 중요하며 이를 무려 세 번이나 강조해서 마치 부동산 분석은 입지 분석이 전부인 것처럼 느껴집니다.

저는 이 말을 처음 들었을 때부터 썩 탐탁지 않았어요. 부동산이 토지와 건물로 구성되어 있다면 입지는 토지적 요인을 설명한 것뿐인데 세 번이나 입지만 강조함으로써 상대적으로 건축물의 가치를 저평가 혹은 아예 무시하도록 만들기 때문입니다. 꼭 제가 건축을 전공해서 그런 생각을 하는 것은 아닙니다.

기본적으로 부동산은 입지가치와 상품가치의 총합입니다. 극단적으로 건물이 없는 나대지는 상품가치가 전혀 없는, 입지가치만 있는 부동산이 되겠지요. 그 위에 어떤 건축물을 올리느냐에 따라 상품가치의 크기가 더해져 전체 가치가 정해집니다.

부동산 가치 분석의 시작은 아래 그림에서부터 시작합니다.

부동산의 가치	=	토지 (입지가치)	+	건물 (상품가치)

입지가치를 구성하는 요소 4가지

2021~2022년 약 2년간 직방TV에서 파생한 〈아파트언박싱〉이라는 채널과 동명의 유튜브 프로그램에 출연해서 활동한 적이 있습니다. 〈아파트언박싱〉은 신규 입주 예정 단지를 직접 찾아가서 입지가치와 상품가치를 자세히 설명해주는 내용입니다.

그때 이 작업을 하면서 입지가치와 상품가치를 구분하는 나름의 노하우를 더욱 발전시킬 수 있었습니다. 물론 시장에는 이미 여러 방법이 존재하겠지만 보다 직관적으로 분석하고 이해하기 쉽게 설명하는 방법을 찾은 것이죠.

입지가치는 최종적으로 4가지 요소로 구성됩니다. 첫째는 교통, 둘째는 교육, 셋째는 편의시설, 넷째는 자연환경입니다. 저는 이를 입지의 4대 요소라고 부릅니다. 앞 글자만 따서 '교교편자'라고 부르면 편하겠습니다.

입지가치 4대 요소

입지가치 (토지)	=	교통	+	교육 학군	+	편의 시설	+	자연 환경

〈아파트언박싱〉 촬영에 나서면서 처음으로 간 곳이 경기도 성남시의 위례포레자이 단지였습니다. 이 단지를 기준으로 입지가치의 구성요소를 한번 설명해보겠습니다.

이 아파트는 2021년 5월 입주한 총 9개 동, 558세대로 구성된 단지입니다. 아파트에 대한 이해도가 높은 독자라면 단박에 알아챘을지도 모르겠습니다. 558세대인데 9개 동으로 구성된 것으로 미루어 볼 때 세대 대비 동수가 많다는 사실을 말입니다. 그 이유는 단지 전체가 최소 평형이 38평형일 정도로 대형 평수가 많고, 또 최고 층수가 23층으로 된 중고층 아파트이기 때문입니다. 대개 35층에 달하는 서울 신축 아파트와 달리 단지 위쪽으로 개방감이 상당하리라는 사실을 이런 구성만 보고도 판단할 수 있습니다.

본격적으로 입지를 분석해볼까요. 이 단지가 위치한 곳은 위례신도시의 A3-1블록입니다. '북위례'라고 불리는 지역으로 위례신도시를 조성할 때 먼저 남위례를 개발했고, 이후 군사시설들이 밀집한 북위례 지역이 개발되었기 때문에 이를 구분해서 북위례라고 부릅니다.

어떤 아파트이든 대개 단지에 관해 보다 정확히 알고 싶다면 해당 아파트를 시공한 건설회사의 홈페이지를 찾아보면 됩니다. 사례로 든 아파트의 경우 단지 이름이 GS건설의 주력 브랜드인 자이xi

아파트이므로 xi.co.kr에 관련 정보가 나옵니다. 이를 찾아보면 아래와 같은 입지환경에 관한 설명이 자세히 나오지요.

사이트를 살펴보면 '입지환경' 메뉴가 있습니다. 클릭해보면 두 장의 이미지를 제공하는데 매우 자세하게 잘 나와 있어요. 아래 두 장의 이미지를 한번 살펴보세요.

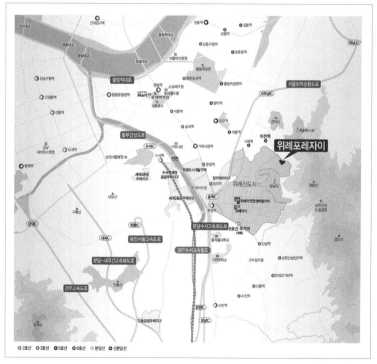

출처: 자이 홈페이지

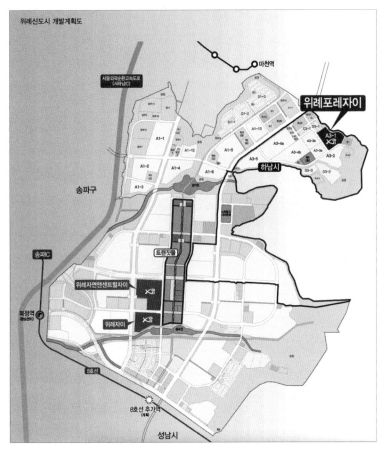

위례신도시 개발계획도

출처: 자이 홈페이지

　두 장의 이미지를 보니까 어떤 생각이 드세요? 저는 개인적으로 입지가치의 4대 요소인 교통·교육·편의시설·자연환경 등을 모두 설명하고 있어서 확실히 전문업체의 솜씨가 묻어난다고 생각했습니다. 하나씩 확인해보겠습니다.

- **교통:** 서울지하철 5호선 마천역과 단지의 거리가 1.2킬로미터 떨어져 있네요. 실제 걸어보면 길이 상당히 험한 편이어서 지하철역을 도보로 이용하는 게 쉽지는 않습니다. 거여역 역시 위례신도시 인근이지만 마천역보다는 좀 더 멉니다. 구도심의 대중교통이 발전한 것과 달리 새롭게 지어지는 신도시는 대개 교통편이 촘촘하지 않은 단점이 있는데, 위례신도시도 마찬가지입니다. 지하철보다는 자차를 이용해야 하는 지역이지요. 위례신도시 전체로 보자면 남쪽으로는 당시 기준 '8호선 추가역(현 남위례역)'을 통해 접근성을 높일 수 있고 이 노선을 이용하면 위로는 잠실, 아래로는 성남시 구시가지를 매우 편리하게 이용할 수 있습니다. 하지만 해당 단지가 위치한 북위례 지역은 8호선 연장 역과의 접근성마저도 좋지 않습니다. 입지가치에서 교통 요소는 대중교통과 자차 교통을 모두 아우르는 개념이라는 점을 기억하세요.

교통환경 분석에서 중요한 점은 따로 있습니다. 바로 업무 및 상업시설이 밀집된 도심과의 접근성입니다. 단순히 물리적으로 우리 집 앞에 큰 도로가 있다는 사실이 중요한 것이 아니라 그 도로나 지하철이 또는 버스정류장이 도심으로 이어지는지, 얼마나 걸리는지가 중요하다는 이야기지요. 이것이 교통 분석의 핵심입니다. 예를 들어 경기도 내의 대부분 도시는 업무시설이 밀집된 서울로 통근하는 사람들이 많이 살고 있습니다. 그래서 경기권 도시에서 서울로의 통근통학 편의성은 교통 분석에서 무척 중요한 의미가 있습니다. 저는 2018년에 저서 『오를 지역만 짚어주는 부동산 투자전략』에서 이런 통근통학의 개념을 처음으로 언급했습니다. 이 내용만으로도 책 한 권의 분량이 나오지만, 핵심 내용은 '도심(일자리 지역)으로의 통근통학 방법이 다양하고 시간이 적게 걸릴수록 좋은 교통 입지'라는 것입니다.

- **교육:** 위 이미지들에 관련 정보가 없는 것처럼 보이지만 두 번째 이미지를 자세히 살펴보면 단지 기준 7시 방향으로 '학1'이라고 표시된 학교 용지가 보입니다. 이 터에는 현재 위례숲초등학교가 준공되었고 주변 단지 학생들이 통학하고 있습니다. 아파트 단지 정문에서 학교까지는 직선거리로 260미터 정도 떨어져 있는데 실제 걸어보면 5분 안에 도착할 수 있을 정도로 매우 가깝습니다. 이미지를 살펴보면 위례숲초등학교 외에도 다른 학교 용지들이 표시되어 있습니다.

  참고로 초등학교는 근거리 배정이 원칙이며 중·고등학교는 학군으로 묶어 배정합니다. 위례포레자이 역시 위례숲초등학교는 근거리 배정이라서 확정인 반면 중·고등학교는 학군을 따져봐야 합니다. 당장 눈에 보이는 근거리에 거암중학교가 있습니다. 고등학교로는 서울 성동구에 있던 덕수고등학교의 일반계열(인문계)이 2022년에 가까운 곳으로 이전해 온 위례덕수고등학교가 있습니다.

위례신도시 자체가 하남시, 성남시, 서울시에 모두 포함된 독특한 복합행정구역이다 보니 중고등학교 학군은 송파 학군(송례중·거여고·송례고·덕수고)이 있고, 성남 학군(위례중앙중·위례한빛중·위례한빛고)이 있으며, 하남 학군(위례중·위례고)도 있습니다. 그래서 중·고등학교 입지를 평가할 때는 '학군지' 개념으로 보는 것이 매우 중요합니다. 이때 학군지를 평가하는 핵심 내용 중 하나가 자사고와 특목고 진학률, 학업 성취도 평가 등을 따지는 것입니다. 개인적으로 현재 대입 시스템은 돈이 많으면 유리해진 지 오래라 그냥 집값 비싼 곳이 학군이 좋다고 생각해도 무방한 상태가 되어버린 것이 안타까울 따름입니다.

학교뿐만 아니라 학원가도 입지가치의 교육 요소에 포함됩니다. 현재 위례신도시에 학원가가 일부 들어섰지만 분당·평촌·일산 등의 학원가 밀집 지역과는 아무래도 차이가 납니다.

- **편의시설:** 편의시설이라고 하면 근린생활시설부터 대규모 쇼핑몰까지 다양한 상업시설과 병원, 공공기관 등을 통칭하는 말입니다. 말 그대로 편하게 살 수 있게 도와주는 모든 시설을 포함하지요. 위례에는 CGV, 영풍문고, 이마트트레이더스 등이 스타필드시티 위례점에 입주해 있습니다. 아파트 건설사가 제공한 두 번째 이미지에 이 위치가 작게 표시되어 있습니다. 아는 사람만 찾아내겠지만 일단 필요한 정보는 모두 그려져 있습니

다. 또 위례에는 트랜짓몰이 있습니다. 이곳에 스트리트형 상가들이 일제히 배치되어 있어서 위례의 중심상업지구 역할을 합니다. 북위례에서는 도보로 접근하기가 어렵지만 자차로 이동할 수 있고 장기적으로 위례에 트램이 설치된다면 지금보다는 더 편리하게 이용할 수 있을 것 같습니다. 트랜짓몰 역시 입지 그림에 설명되어 있습니다. 유럽형 스트리트 상가를 본떠서 개발된 곳이라 제대로 구현한다면 도시 이미지를 고급스럽게 하는 데도 도움이 될 것입니다. 다만 단지에서 이용하기 가까운 곳에 편의시설이 많지 않다는 것은 단점인 듯합니다.

- **자연환경:** 이 단지에서 가장 높은 점수를 준다면 단연 자연환경을 꼽을 수 있습니다. 위례포레자이 단지를 둘러싼 자연환경은 남한산성도립공원과 청량산이며 남한산자락을 단지에서 무척 또렷하게 확인할 수 있거든요. 주변으로는 성남GC 골프장이 있어서 일부 동은 멋진 골프코스 풍경을 조망할 수 있습니다. 단지에서 남쪽으로 가면 위례호수공원과 장지천이 나오는데 이 지역의 전망이 정말 좋습니다. 한편 남위례를 가로지르는 장곡천 역시 위례신도시의 멋진 자연환경 중 하나입니다. 즉 위례는 동쪽으로는 남한산성 자락이 보이고, 신도시 주변에 골프장이 있어서 전경이 트여 있습니다. 도시 중간을 2개의 천이 가로지르면서 호수공원과 천변공원이 조성되어 있습니다.

지금까지 알아본 것들이 모두 입지 분석입니다. 이렇게 입지가
치를 4대 요소로 나눠 정리하면 체계적으로 분석할 수 있습니
다. 이런 입지 요소에 점수를 매겨 계량화하는 사람들도 있습니다.
입지가치를 충분히 이해했으니 이제 아래 그림을 다시 살펴볼까요.

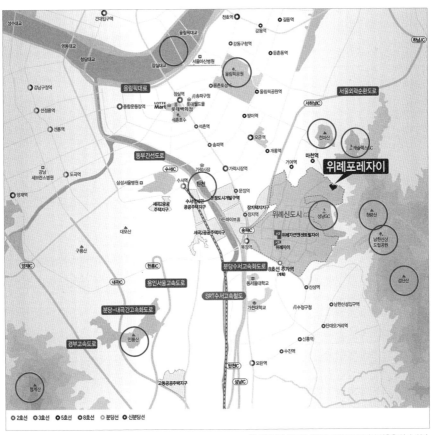

주: 자연환경 및 교통 요인이 명확히 표기되어 있음을 알 수 있다.

위례신도시 개발계획도

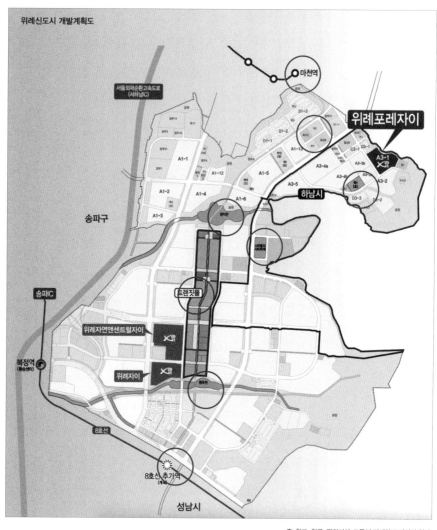

주: 학교-학군, 편의시설, 교통이 자세히 표기되어 있다.

이렇게 자세하게 조사한 정보들을 아파트 가치나 가격과 연결해
서 설명할 수 있을까요? 아직은 어렵습니다. 현재 토지의 입지가치

를 정확하게 계량해서 가격으로 연결하는 제대로 된 툴이 없기 때문입니다. 일부 존재하기는 하지만 시장에서 인정받아 다수가 사용하는 방법은 아직 없다는 의미입니다. 저도 오랫동안 개별 입지 요소에 대해 가치평가를 하려고 참고자료를 뒤지고 외국의 프롭테크 기업(Prop-tech: Property + Tech의 합성어로, 부동산 기술기업들을 의미)을 찾아보기도 했지만 쉽지 않았습니다.

● 입지가치는 변한다

아직 제대로 된 툴은 없지만, 우리가 입지가치 분석에서 놓치지 말아야 할 부분이 있습니다. 입지가치는 입지의 4대 요소에 따라 결정된다는 점을 이해하는 것입니다. 이 사실을 아는 것이 입지 분석의 기본입니다. 만약 개별 요소가 변한다면 입지가치도 당연히 달라집니다. 즉 입지가치는 고정불변하는 것이 아니라 변화하는 개념이라는 것입니다.

예를 들어 위례신도시는 입지가치 4대 요소 중에서 교통과 교육 부분에서 서울의 다른 지역과 비교해 다소 부족한 면이 있습니다. 그런데 나중에라도 대중교통이 개선된다면 생활 편의성이 지금보다 더 좋아지겠죠. 그리고 이런 변화는 입지가치가 상승하는 데 도움을 줍니다. 반대로 도심 밀집 지역에 거주하는 것보다 자연환경 속에서 살고 싶어 하는 트렌드가 형성된다면 입지적 요소의 변화가 없더라도 사람들의 선호가 바뀌면서 입지가치가 달라질 수도 있는 거고요.

특정 입지가 다른 지역보다 더 선호되는 이유를 분석할 때 이런 4대 요소를 바탕으로 하면 매우 유용하니 잘 기억해두기 바랍니다.

입지는 같은데
왜 전세가격은 다를까

　서울 잠실동 아시아선수촌(1356가구), 방이동 올림픽선수촌(5540가구)과 함께 이른바 '올림픽 3인방'이라고 불리는 문정동 올림픽훼밀리타운이 있습니다. 1988년에 준공된 이 단지는 총 4,494세대의 대단지로 서울지하철 3·4호선 2개 노선의 환승역인 가락시장역과 가까워 소위 더블역세권에 해당합니다.

　이 아파트의 북쪽으로 가락시장이 있는데, 서울의 명물 시장 중 하나입니다. 이 시장을 지나면 또 다른 송파구의 유명한 아파트 단지가 나옵니다. 세대수가 가장 많기로 유명해 한동안 언론에 오르내리느라 모든 국민이 한 번쯤은 들어봤을 법한데요, 바로 헬리오시티입니다. 2018년 12월에 준공됐고 9,510세대의 대단지입니다. 올림픽파크포레온(구 둔촌주공)이 준공되기 전까지는 단일 단지로는 가장 많은 세대의 아파트이니 유명세를 치를 만하지요. 현재 대

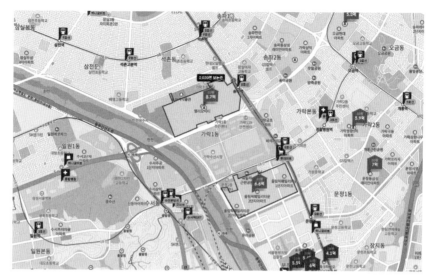

출처: 호갱노노

한민국 시가총액 1등 단지이기도 합니다.

　가락동과 문정동의 랜드마크인 가락시장을 둘러싸고 아파트 대 단지 두 곳이 남북으로 자리 잡은 모양새이니 참으로 흥미롭습니 다. 교통 측면에서 헬리오시티는 8호선 송파역을 끼고 있고, 한 블 록 걸어가면 9호선과 8호선 환승역인 석촌호수역이 나옵니다.

　문정동 올림픽훼밀리타운과 가락동 헬리오시티, 이 두 단지 중 어느 곳이 더 살기 편할까요? 사실 개인차가 있긴 하겠지만 일반적 으로는 신축을 더 살기 좋은 곳으로 꼽습니다. 아늑한 느낌의 구축 을 좋아하는 분들도 있어 단정적으로 말할 수는 없지만요. 다만 객관적으로 '살기 좋다'는 것은 결국 주거서비스의 수준에 달려 있습니다. 높은 서비스에는 높은 비용이 들어간다는 것을 생각할 때 결국 임차료가 높은 단지가 더 살기 좋은 단지라고 판단할 수 있습니다.

두 단지의 34평형 전세가격은 2022년 4분기 기준 각각 올림픽훼밀리타운이 6~7억 원대, 헬리오시티는 8~9억 원대입니다. 헬리오시티가 동일 평형 전세가격 기준 2억 원 정도 더 높게 형성되어 있습니다. 즉 시장은 헬리오시티가 올림픽훼밀리타운보다 '꽤(전세가격 기준 2억 원의 가치만큼)' 더 살기 좋은 단지라고 평가하고 있습니다. 여기서 오해하면 안 되는 것은 현재 임차료가 높다고 반드시 주택가격이 높은 것은 아니라는 사실입니다. 노후화된 재건축 아파트의 경우 임차료는 낮지만 가격은 무척 높다는 사실을 떠올리면 이해하기 쉽습니다. 그러나 매매가격이 높은 것과는 별개로 '살기 좋은 주택' 측면에서 살펴볼 때는 임차료로 비교하는 것이 정확합니다.

● 살기 좋은 주택은 임차료가 높다

아파트마다 월세나 전세가격이 차이 나는 것은 입지나 상품 하나만의 문제가 아닙니다. 입지가치와 상품가치를 모두 더한 합산 가치, 즉 주택 가치의 차이에서 비롯합니다. 입지환경이 비슷한데 전세가격이 다르다면 그건 왜 그럴까요? 이는 상품가치에서 차이가 크게 나기 때문입니다. 입지가치와 상품가치가 비슷하다면 그 두 단지는 매우 비슷한 수준의 전세나 월세를 유지하고 있을 가능성이 크지요. 간단한 원리입니다.

헬리오시티와 올림픽훼밀리타운 두 단지는 입지 요소가 비교적 비슷하고 세대수도 많은 대단지여서 큰 차이가 없지만, 교통환경 측면에서 조금 차이가 있습니다.

그렇다면 서울 강남구 대치동으로 가볼게요. 신축과 구축의 상품가치가 얼마만큼의 차이를 가져오는지 살펴볼 수 있습니다. 3호선 대치역과 학여울역 사이에 있는 강남 재건축의 아이콘 중 하나인 대치은마아파트를 살펴보겠습니다. 총 4,424세대의 이 단지에서 34평형의 전세가격은 현재 대략 6억 원대입니다. 그런데 맞은편 블록의 신축 아파트 래미안대치팰리스(2015년 준공, 1,278세대)는 동일 평형 전세가격이 무려 19억 원에 이릅니다. 아마도 한국에서 전세가격이 가장 높은 단지 중 하나일 것입니다.

앞서 입지환경이 비슷한 송파구 헬리오시티와 올림픽훼밀리타운의 전세가격은 2억 원대의 차이가 난 반면, 같은 대치동 입지환경인데도 래미안대치팰리스와 대치은마아파트 간의 전세가격 차이는 무려 3배가 납니다. 이처럼 입지가 사실상 같은데도 전세가격이 엄청나게 차이 나는 이유는 무엇일까요? 바로 상품가치로 대표되는 아파트의 생활 편의성 차이 때문입니다. 그렇다면 상품가치란 대체 어떤 요소를 포함하고 있는지 살펴보겠습니다.

● 상품가치를 구성하는 요소

여러 형태의 주택 가운데 아파트는 면적과 방의 개수, 거실과 주방의 구성, 평면 구성, 실내 층고, 내부 인테리어의 질 등으로 상품가치가 달라집니다. 이런 요소들은 상품가치 중에서도 실내 특징에 해당합니다. 아파트는 5층 이상의 건축물이다 보니 자연스럽게 층과 방향도 아파트의 가치를 구별하는 요소에 해당합니다. 남향이나 북향이냐에 따라 가격 차이가 상당하며, 1층이냐 기준 층이냐 로열 층이냐에 따라서도 마찬가지입니다.

- **면적과 연식:** 실내 특징 중에서 가장 중요한 것은 당연히 '면적'입니다. 면적이 다르면 가격과 가치가 다를 수밖에 없겠죠. 그 다음으로 중요한 것이 '연식'입니다. 연식은 준공된 지 몇 년 차인지를 말하는데, 준공연도 자체가 사실 많은 차별화 포인트를 지니고 있습니다. 2001년 준공 아파트보다 2022년 준공 아파트가 더 현대식 시설이 많을 것이기 때문입니다. 집은 잠자고 휴식하는 공간이므로 소음과 진동으로부터 보호받아야 합

니다. 편안한 휴식의 공간이 되는 데 아파트 구조가 미치는 영향이 큽니다.

2017년에 출간한 저서『돈 되는 아파트, 돈 안 되는 아파트』에서도 기둥식 아파트의 장점을 설명한 적이 있습니다. 우리나라는 벽식 아파트 구조가 95%를 넘습니다. 벽식 구조는 위층 무게를 기둥이 아닌 벽이 지탱하는 방식입니다. 그렇다 보니 위층 바닥에서 발생하는 소음이 벽을 타고 고스란히 전해집니다. 반면 기둥식 구조는 위층 바닥의 소리가 보와 기둥을 통해 전달되어 울림이 덜 발생합니다. 소음과 진동 외에도 실내 층고, 자율형 평면 같은 측면에서 가지고 있는 장점을 이해한다면 실내 주거 품질을 한 차원 상승시키는 계기가 될 것입니다.

햇볕이 잘 드는 방향에 방 3개와 거실이 위치한 4베이 타입

실내 층고 또한 무시할 수 없지요. 부동산은 평면이 아니라 3차원 구조이기에 실내 층고가 2,350밀리미터인지, 2,450밀리미터인지는 부피적인 측면에서 최소 4% 이상 가격 차이가 나야 정상인데요. 실내 층고가 높을수록 쾌적한 공간감을 느낄 수 있는데, 이는 매우 중요한 실내 특징이기 때문입니다.

몇 베이Bay로 설계되었는지도 중요합니다. 베이는 보통 벽과 벽 사이를 부르는 말인데, 현재 아파트 건설의 추세는 2베이에서 4베이로 평면을 확장하는 중입니다. 넓은 장방형의 구조는 실내를 더 말끔하게 만들고, 발코니를 확장할 경우 더 넓은 발코니 면적을 제공할 수 있습니다. 환기나 채광 면에서도 유리한 면이 많습니다. 그래서 일반적으로 3~4베이 타입을 더 좋아합니다.

● **단지형 구조 아파트의 특징**: 아파트는 다른 주택 유형과 달리 단지형 구조라는 점에서 상당히 큰 차이가 있습니다. 단지의 크기는 물론 구성도 다양한데요. 가장 직관적으로 파악할 수 있는 것이 세대수와 동의 개수, 그리고 개별 동 배치 형태가 단지의 특징을 결정합니다.

동마다 각 층에 몇 세대가 있는지, 한 라인의 세대가 몇 대의 승강기로 움직이는지 역시 중요한 단지 특징 중 하나입니다. 현대 건축물은 수직 이동이 매우 중요한 특징이기 때문입니다. 2세대가 1대의 승강기를 타는 것과 3세대가 2대의 승강기를 타는 것은 다릅니다. 만약 1세대가 1대의 승강기를 탄다면 수직

이동이 편리한 매우 고급 아파트일 가능성이 크죠. 참고로 6층 이상의 건축물에는 승강기 설치가 의무화되어 있는데, 한 층에 3세대 이상이 이용하는 계단형 공동주택은 22층 이상일 때는 반드시 승강기를 2대 이상 설치해야 합니다. 그런 이유로 일부 단지에서는 층고를 21층 이하로 만들면서 승강기를 1대만 설치하는데, 당연히 이동이 매우 불편합니다.

단지 특징 중 내부 커뮤니티 시설이 어떤가에 따라 상품가치가 달라집니다. 커뮤니티 시설은 크게 체육시설과 교육시설로 나눌 수 있는데, 이 또한 세대를 거듭하면서 발전해왔습니다. 지금은 실내 골프연습장을 넘어 수영장까지 기본으로 갖추는 추세입니다. 커뮤니티 시설에서 기본으로 제공하던 카페테리아도 이제는 조리해서 식사 서비스를 제공하는 수준에 이르렀습니다. 이처럼 단지 안의 커뮤니티 시설이 어떤 수준이냐는 아파트 주거 만족도에 큰 차이를 불러옵니다.

마지막으로 세대당 주차 가능 대수도 중요한 요소입니다. 역시 관련 규정이 있지만 고급주택으로 갈수록 주차장을 추가로 건설하는 경우가 많아 결국 건축비 문제로 귀결됩니다.

정리하자면 아파트 상품가치는 실내 특징과 단지 특징이라는 2가지 요소로 구성됩니다.

아파트의 입지가치와 상품가치

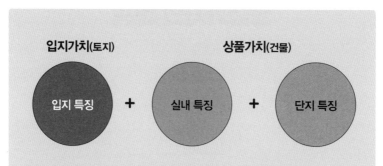

입지가치(토지)　　　　상품가치(건물)

입지 특징　＋　실내 특징　＋　단지 특징

1) **입지 특징** : 교통(일자리)환경 + 교육(학교/학원) + 편의시설 + 자연환경의 4대 요소
2) **실내 특징 핵심** : 면적 + 연식 + 타입(Bay 및 판상형) + 구조(기둥/벽/벽기둥) + 층고 + 특화설계
3) **단지 특징 핵심** : 세대수 + 동/층/배치 + 디자인 + 건폐율/용적률 + 브랜드 + 커뮤니티 시설

이제 건축물에서 상품가치가 높다는 것이 무엇을 뜻하는지 감이 오지요? 단지와 실내 특징을 두루 갖추다 보면 건축비가 올라가게 마련이라 평당 공사비가 비쌀수록 상품가치가 높다고 볼 수 있습니다. 예를 들어 두 곳의 입지환경이 비슷한데, 한 곳은 평당 공사비가 580만 원이고 다른 한 곳은 850만 원이라면 볼 것도 없이 후자가 더 고급 아파트를 지향했을 것입니다. 아울러 단지 내 커뮤니티 시설을 포함해서 다양한 상품가치의 강점을 보유하고 있을 가능성이 큽니다. 이를 정확히 파악하는 방법이 있을까요?

세대당 공사비와
상품가치의 비밀

유튜브 콘텐츠 제작을 위해 현장 답사 촬영을 나가거나 〈아파트 언박싱〉 활동을 할 때 해당 단지의 입주자 모집 공고문을 꼭 확인합니다. 공고문에는 다양한 정보가 담겨 있는데, 그중에서도 빠뜨리지 않고 건축비를 항상 확인합니다. 사실 공고문에는 매우 중요한 정보가 빼곡히 적혀 있어 부동산 공부는 입주자 모집 공고문을 확인하는 데서 시작된다고 생각합니다. 이와 관련해 설명할 것이 많지만, 여기서는 그중에서도 가장 중요한 정보인 분양가 부분을 짚고 가겠습니다.

분양가는 '대지비'와 '건축비'로 나뉩니다. 서울 양천구 신월동에 위치한 '목동센트럴아이파크위브(2020년 준공, 3,045세대, 용적률 267%)'의 입주자 모집 공고문을 살펴볼까요. 이곳은 3천 세대가 넘는 규모로 완성된 재개발 대단지입니다. 양천구의 대표 아파트 중 하나죠. 2017년 6월 8일에 모집 공고를 발표했습니다. 2017년 8·2 대책과 분양가상한제 적용 이전이죠.

입주자 모집 공고문에는 전용면적별 공급금액, 즉 분양가가 적혀 있습니다. 이 분양가는 대지비와 건축비로 나뉘어 계산됩니다. 건축비는 상품가치를 결정하는 중요한 요소 중 하나이며 건축공사비와 비슷한 항목입니다. 예를 들어, 이 단지의 59㎡(25평형) 아파트는 건축비가 평균 1억 8,700만 원부터 2억 1,350만 원까지 형성된 것을 확인할 수 있습니다.

입주자 모집 공고문에서 건축비 확인

주택형	동호	층별	해당 세대 수	공급금액		
				대지비	건축비	계
52.8500A	210동 1, 2호	4	1	220,897,040	177,102,960	398,000,000
		8	1	225,337,181	180,662,819	406,000,000
52.8500B	209동 7, 8호	5~8	3	227,557,252	182,442,748	410,000,000
		13	1	231,997,393	186,002,607	418,000,000
52.9600C	210동 5, 6호	4	1	222,007,075	177,992,925	400,000,000
		5~6	2	226,447,217	181,552,783	408,000,000
52.8500D	306동 2, 3호	4	1	223,672,128	179,327,872	403,000,000
		8	1	228,112,270	182,887,730	411,000,000
		12~18	3	232,552,411	186,447,589	419,000,000
	306동 4, 5호	6	1	227,557,252	182,442,748	410,000,000
		18	1	231,997,393	186,002,607	418,000,000
52.8500E	307동 1, 2호	1	1	209,796,686	168,203,314	378,000,000
		5	1	228,112,270	182,887,730	411,000,000
		10	1	233,107,429	186,892,571	420,000,000
52.8500F	407동 1, 2호	3	1	220,342,022	176,657,978	397,000,000
		4	1	224,782,163	180,217,837	405,000,000
		13~16	3	234,217,464	187,782,536	422,000,000
59.8800A	105동 3호	3	1	250,867,995	201,132,005	452,000,000
		16	1	266,408,490	213,591,510	480,000,000
59.6800B	101동 1호	9	1	254,753,119	204,246,881	459,000,000
	104동 1, 2호	2	1	241,987,712	194,012,288	436,000,000
		11	1	260,858,313	209,141,687	470,000,000
	105동 1호	10	1	259,748,278	208,251,722	468,000,000
59.9700C	105동 2호	4	1	256,418,172	205,581,828	462,000,000

입주자 모집 공고문에서 분양가의 건축비를 확인함으로써, 해당 아파트가 주변의 다른 분양주택과 비교하여 상품가치가 얼마나 높은지 추정할 수 있습니다. 예를 들어, 동일한 25평형 아파트가 어떤 지역에서는 2억 1천만 원이고 다른 지역에서는 3억 2천만 원이라면, 후자의 아파트가 더욱 잘 지어진 아파트로 평가될 것입니다.

위와 같은 방식은 건축비를 직관적으로 비교할 수 있는 장점이 있습니다. 하지만 한계도 존재합니다. 왜냐하면 아파트는 일반분양뿐만 아니라, 입주자 모집 공고문에서 확인할 수 없는 조합분양도 존재하기 때문입니다.

공급세대 중 조합분양 비중이 80%, 일반분양이 20%인 단지의 경우 일반분양이 분양가상한제 적용을 받는지 아닌지에 따라 건축비에서 차이가 나는 건 물론이고, 더욱이 조합분양에 대해서는 공사비가 얼마인지조차 확인하기 어렵습니다. 목동센트럴아이파크위브 단지도 총 세대수가 3,045세대이지만 조합분양이 1,370세대이고, 임대주택도 542세대나 있습니다. 입주자 모집 공고문에는 일반분양인 1,130세대에 대한 공사비만 공개되어 있습니다.

● 전자공시 사이트를 활용하라

이런 한계로 인해, 저는 '전자공시' 사이트를 통해 더 직관적인 방식으로 공사비를 비교합니다. 부동산 투자를 다루는 책에서 갑자기 금융감독원의 '전자공시' 사이트가 나와서 의아해할 수도 있겠지만, 이 사이트에서는 매우 유용한 정보를 찾을 수 있습니다. 그중 하나가 해당 아파트 단지의 건축비를 확실히 구분해낼 수 있다는 점입니다. 전자공시 사이트의 주소는 아래와 같습니다.

https://dart.fss.or.kr/main.do

전자공시 통합검색에서 가장 왼쪽의 '정기공시'를 선택한 뒤 하부 메뉴에서 '사업보고서'를 클릭하면 공사비를 찾을 수 있습니다.

입력창에 회사명을 넣으면 공시를 확인할 수 있습니다. 예를 들어 GS건설을 입력한 후, 검색 기간을 10년으로 설정하면 아래와 같은 화면이 나옵니다. 이는 매년 발표되는 GS건설의 사업보고서들입니다.

　이제 찾아보고 싶은 단지를 하나 정해서 살펴볼까요. 현재 제가 사는 지역에서 유명한 단지 중 하나인 '서초그랑자이'를 검색해보 겠습니다. 이 단지는 2021년에 준공된 최신축 아파트이고, 총 세대 수는 1,446세대이며, 용적률은 299%입니다. 이전 이름은 서초무지 개아파트였습니다. 2021년 준공이므로, 2020년 사업보고서를 보 면 되겠죠. 사업보고서를 클릭하면 여러 내용이 나오는데, 그중 매 출에 관한 내용은 〈II. 사업의 내용〉에 들어 있습니다. 이 부분을 클 릭하고 '무지개' 혹은 '그랑자이'를 검색해봅니다.

발주처	현장명	계약일 (착공예정일)	완공예정일	기본 도급금액	완성공사액	계약잔액
(주)고양삼송자이더빌리지주택위탁관리부동산투자	삼송자이더빌리지	2019-06-01	2021-01-31	172,406	150,036	22,370
고덕주공6단지주택재건축정비사업조합	고덕자이	2018-06-08	2021-02-28	423,051	368,094	54,957
소곡지구재개발정비조합	안양씨엘포레자이	2018-06-01	2021-02-28	272,491	241,157	31,334
(주)웰컵지앤엠	문성레이크자이	2018-11-01	2021-02-28	185,176	165,346	19,830
염리제3구역주택재개발정비사업조합	마포프레스티지자이	2018-04-01	2021-03-31	397,527	331,767	65,760
지에스칼텍스(주)	MFC 프로젝트	2018-08-07	2021-04-30	1,450,540	1,253,256	197,284
법원산업도시개발 주식회사	파주법원2일반산업단지	2019-07-11	2021-05-10	23,455	10,811	12,644
올뉴하우스개발 주식회사	위례포레자이	2018-11-22	2021-05-31	158,021	122,680	35,340
서초무지개아파트 주택재건축정비사업조합	서초그랑자이	2018-07-16	2021-06-30	440,803	293,899	146,904

출처: 전자공시

위와 같은 표가 나오는데 계약일(착공 예정일)과 완공 예정일이 나옵니다. 이는 공사 기간이 되는데, 서초그랑자이는 2018년 7월 16일에 착공하여 2021년 6월 30일에 완공되었습니다.

여기서 눈여겨볼 부분은 '기본 도급금액'입니다. '도급'이라는 것은 건설산업에서 흔히 쓰는 용어인데, '공사 수주금액'이라고 이해하면 됩니다. 즉, 서초그랑자이의 공사 수주금액이 4,408억 원이라는 뜻입니다.

위에서 확인된 GS건설의 공사비는 총 4,408억 원이며, 이 중 2,938억 원에 해당하는 공사가 완료되었고, 나머지 1,469억 원에 대한 공사가 남아 있다는 것을 알 수 있습니다. 이 총공사비를 총세대수로 나누면 '세대당 평균 공사비'가 나오는데, GS건설이 지은 아파트의 평균 공사비는 3억 원입니다.

세대 평균 공사비 = 4,408억 원/1,446세대 = 세대당 3억 원

참고로, 서초그랑자이(서초무지개아파트 재건축)는 입주자 모집 공고문에 전용면적 59㎡의 건축비가 평균 약 3억 2,700만 원에서부터 3억 8,400만 원까지, 평균 3억 5천만 원 정도로 나옵니다. 일반 분양 세대의 건축비는 이렇게 정해진 것입니다.

주택형	공급 세대수	동구분 (라인)	층	세대수	분양가격		
					대지비	건축비	계
59B	75	102동6호 103동6호 104동6호 105동1호 105동6호	3층	1	791,021,100	327,978,900	1,119,000,000
			4층	2	829,193,700	343,806,300	1,173,000,000
			5층~9층	9	877,262,900	363,737,100	1,241,000,000
			10층~14층	11	897,056,100	371,943,900	1,269,000,000
			15층~24층	23	907,659,600	376,340,400	1,284,000,000
			25층~35층	23	928,159,700	384,840,300	1,313,000,000
		105동3호	3층	1	791,021,100	327,978,900	1,119,000,000
			5층~9층	1	876,556,000	363,444,000	1,240,000,000
			10층~14층	1	896,349,200	371,650,800	1,268,000,000
			15층~24층	3	906,952,700	376,047,300	1,283,000,000
59C	13	109동3호	3층	1	791,374,600	328,125,400	1,119,500,000
			4층	1	829,193,700	343,806,300	1,173,000,000
			5층~9층	5	873,021,500	361,978,500	1,235,000,000
			10층~14층	2	901,297,500	373,702,500	1,275,000,000
			15층~24층	1	906,952,700	376,047,300	1,283,000,000
			25층~35층	3	931,694,200	386,305,800	1,318,000,000

출처: 서초그랑자이 입주자 모집 공고문 중

　위 금액과 실제 입주자 모집 공고문에 나온 건축비 사이에 큰 차이가 나지 않는다고 할 수도 있지만, 세대 평균 수천만 원 이상의 차이가 난다는 점, 분양하지 않은 나머지 단지들의 공사비 수준도 확인할 수 있다는 점에서 전체 공사비를 파악하는 것은 건축물의 품질을 측정하는 데 매우 유용한 도구입니다. 공사비를 파악함으로

써 해당 아파트 단지의 품질과 가치를 판단할 수 있겠죠?

다른 주요 단지 중에서 서울 마포구의 초대형 단지인 마포래미안 푸르지오(2014년 준공, 3,885세대, 용적률 259%)를 확인해보겠습니다. 이 단지는 단지 이름에서부터 '래미안'과 '푸르지오'가 들어가는 것으로 보아 삼성물산과 대우건설이 시공을 담당했음을 알 수 있습니다. 방식은 앞서 설명한 것과 같습니다. 전자공시에서 두 회사의 사업보고서를 검색하고, 각 회사의 사업보고서 중 해당 공사가 진행될 때의 수주금액을 찾으면 됩니다. 그대로 따라 하면 아래와 같은 내용이 나옵니다.

먼저, 대우건설의 2013년 사업보고서에 아현3구역(현 마포래미안푸르지오)의 공사비가 3,589억 원으로 나옵니다(단위는 모두 '백만 원').

아현3구역재개발조합	아현3구역재개발사업	2008년 1월	2014년 9월	358,897,778,000

같은 방식으로 삼성물산의 사업보고서도 들여다보면 아래처럼 나오는데 총공사비는 3,950억 원입니다.

아현제3구역 주택개발정비사업조합	아현3재개발	200911	201409	395,012	234,131	160,881

이 두 금액을 합하면 현 마포래미안푸르지오 단지의 총공사비가 나오는데 7,539억 원입니다. 이를 세대수 3,885로 나누면 세대 평균 1억 9천만 원의 건축비가 투입되었음을 알 수 있습니다. 이는

앞서 서초그랑자이의 3억 원과 비교하면 상당히 낮은 금액처럼 보이지만 마포래미안푸르지오의 경우 25평형대 구성이 있고, 서초그랑자이는 25평형대가 없으니 직접 비교하기는 어렵습니다. 다만, 이런 방식을 통해서 어떤 건축물이 '상품가치'가 높은지 직관적으로 확인할 수 있다는 거죠.

마지막으로 서울 서대문구의 가재울 뉴타운에 있는 4,300세대 초대형 단지인 DMC파크뷰자이(2015년 준공, 4,300세대, 용적률 233%)는 어떤지 살펴보겠습니다. 입주자 모집 공고문에서 전용면적 85 m^2의 건축비는 2억 900만 원에서부터 2억 3,200만 원입니다. 평균 2억 2천만 원 정도라 할 수 있습니다. 이 아파트의 이름이 DMC파크뷰자이인데, '파크'는 아이파크에서, 뷰는 SK VIEW에서, 자이는 GS건설의 자이에서 가져왔으므로 3개 건설사의 컨소시엄 단지라는 걸 알 수 있습니다. 이 3개 단지 역시 공사비를 같은 방식으로 찾아볼 수 있습니다.

GS건설의 사업보고서에는 공사 수주금액이 2,964억 원으로 나옵니다.

가재울 뉴타운제4구역 주택재개발정비사업 조합	가재울4구역 주택재개발(서울)	2013-04-11	2015-10-31	296,477

HDC현대산업개발의 사업보고서에는 2,229억 원으로 나옵니다.

가재울 뉴타운4구역주택재개발	가재울 4구역 재개발	2013-01-01	2015-10-31	222,950

SK건설(현 에스케이에코플랜트)의 사업보고서에는 2,711억 원이 나옵니다.

가재울뉴타운제4구역 주택재개발정비사업조합	가재울뉴타운4구역 주택재개발	2013-05-01	2015-12-31	271,176

셋 다를 합하면 총공사비는 7,904억 원이고, 이를 세대수 4,300으로 나누면 세대당 평균 공사비는 1억 8천만 원이 됩니다. 2015년 준공인 만큼 마포래미안푸르지오(2014년 준공)보다 공사비 측면에서 1년의 물가 상승 요소가 있지만, 평균 단가가 마포래미안푸르지오보다 낮다는 점, 또 마포래미안푸르지오는 25평형이 있지만, DMC파크뷰자이는 34평형부터 시작한다는 점을 고려하면 마포래미안푸르지오의 건축비가 더 많이 들어갔음을 짐작할 수 있습니다.

● 세대당, 대지면적당 평균 공사비를 비교하라

위와 같이 특정 지역의 아파트 단지 공사비는 건설사의 사업보고서를 통해 직접 찾아볼 수 있습니다. 이 금액은 입주자 모집 공고문에 나온 건축비보다 직관적입니다. 또한, 입주자 모집 공고문에는 '일반분양'의 건축비만 나오는 반면 건설사의 사업보고서에는 모든 단지와 모든 세대의 총공사비가 나온다는 점에서 더욱 해당 단지의 특징을 평가하는 데 유용한 수단입니다. 특히, 세대당 건축비가 얼마나 들어갔는지는, 총공사비를 세대수로 나누면 쉽게 계산할 수

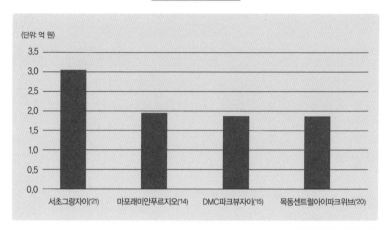

세대당 평균 공사비

(단위: 억 원)

3.5
3.0
2.5
2.0
1.5
1.0
0.5
0.0

서초그랑자이('21)　마포래미안푸르지오('14)　DMC파크뷰자이('15)　목동센트럴아이파크위브('20)

출처: 전자공시를 활용해서 제작

있습니다. 아래는 이렇게 계산한 결과입니다.

> **서초그랑자이**(2020년 준공) = 4,408억 원/1,446세대 = 세대당 3억 원
>
> **마포래미안푸르지오**(2014년 준공) = 7,539억 원/3,885세대 = 세대당 1억 9천만 원
>
> **DMC파크뷰자이**(2015년 준공) = 7,904억 원/4,300세대 = 세대당 1억 8천만 원
>
> **목동센트럴아이파크위브**(2020년 준공) = 5,618억 원/3,045세대
> = 세대당 1억 8천만 원

다만, 세대당 평균 공사비는 아파트 단지의 평면 구성이나 소형 평형 중심인지, 혹은 대형 평형 중심인지에 따라 달라질 수 있습니다. 단지 전체의 대지면적을 넣어 대지면적당 공사비를 뽑으면 정확한 값이 나와 아파트 상품가치를 더 확실히 알 수 있습니다.

예를 들어 랜드북(www.landbook.net) 같은 사이트에서 아파트 단지의 대지면적을 파악합니다. 서초그랑자이는 대지면적 18,277평을, 마포래미안푸르지오는 44,315평을, DMC파크뷰자이는 60,807평을, 목동센트럴아이파크위브는 33,921평을 넣으면 대지면적당 공사비가 아래처럼 나옵니다. 이 금액이 더 직관적으로 개별 단지의 품질, 즉 상품가치를 드러내는 금액이라고 할 수 있습니다.

● 대지면적당 공사비

2014년 준공된 마포래미안푸르지오: 1,701만 원/3.3㎡

2015년 준공된 DMC파크뷰자이: 1,300만 원/3.3㎡

2020년 준공된 목동센트럴아이파크: 1,656만 원/3.3㎡

2021년 준공된 서초그랑자이: 2,412만 원/3.3㎡

사실 지금까지 설명한 과정은 좀 까다롭기도 하고 어렵기도 합니다. 또 이렇게 개별 단지의 공사비를 정확히 측정하려면 다소 시간이 걸리기도 합니다. 아마도 '굳이 이런 작업을 해야 할까?' 하는 의문이 생길 겁니다. 그런데 이런 과정을 반복하다 보면 몇 가지 중요한 깨달음을 얻을 수 있습니다.

먼저, 준공 이후에 상품가치가 높다고 평가받는 건축물은 기본적으로 공사를 시작하기 전부터 세대당 공사비 혹은 대지면적당 공사비가 많이 든다는 것입니다. 그리고 비싼 공사비는 높

대지면적당 공사비

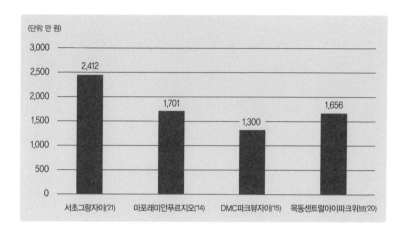

(단위: 만 원)

서초그랑자이('21): 2,412
마포래미안푸르지오('14): 1,701
DMC파크뷰자이('15): 1,300
목동센트럴아이파크위브('20): 1,656

은 건축물 가치, 즉 높은 상품가치로 연결되지요. 실제로 건축물을 짓는 데 돈이 더 들어간다면 더 좋은 결과물이 나오는 것은 당연합니다. 어떤 건축물의 품질이 더 좋은지 분별하기 위한 명확한 기준은 사실상 찾아보기 힘듭니다. 그나마 이렇게 공사비를 토대로 파악하는 것이 꽤 근접한 기준이 될 수 있습니다.

특히 준공연도가 유사한 단지끼리 비교해보면 도움이 됩니다. 준공연도에 따라 물가에 따른 공사비 상승분이 반영되기 때문에 2015년 준공보다는 2020년 준공 아파트의 건축비가 더 높은 것은 자연스럽습니다. 또한 같은 해에 준공된 단지들끼리 비교해보면 더 정확하게 품질 비교를 할 수 있어요.

따라서 정비사업 등에서 공사비가 상승하는 것에 대해서 딱히 부정적으로 생각할 필요는 없습니다. 공사비가 올라간다는 것은 건축물의 품질이 개선되고, 따라서 시장에서 인정받는 가치가 높아진다는 것을 의미하기 때문이죠. 최종적으로 아파트가 준공된 후에는 임차료와 시세에도 영향을 미칩니다. 실제로 아파트 시장에서는 건물의 품질이 높을수록 시세가 높아지는 경향이 있습니다.

　이처럼 건물은 그 조성원가에 따라 상품가치가 달라지며, 토지가치와 건물가치를 합산하여 가치평가를 해야 합니다. 그러나 토지가치와 건물가치는 서로 다른 특징을 가지고 있습니다. 토지가치는 입지에 따라 결정되며, 입지 변화는 개별 아파트 주민이 스스로 해결할 수 없습니다. 지하철역을 아파트 단지 주민이 스스로 놓을 수는 없으니까요. 반면, 건물가치는 조합이나 시행 주체가 건물을 어떻게 설계하느냐에 따라 달라지기 때문에 능동적으로 접근할 수 있습니다. 따라서 건축물의 공사비를 적절히 책정하여 임대료를 높이는 전략으로 활용할 수도 있다는 점에서 부동산 가치 극대화를 위해 건물의 공사비를 산정해보는 것이 중요합니다.

주택가격은 수요와 공급의 균형, 대출이나 금리와 같은 유동성 환경,

경기와 같은 거시경제적 변수 등에 따라 달라집니다.

그러나 주택의 가치는 사실 임대료를 기반으로 결정됩니다.

3부

아파트 적정가치를
알려주는 특별한 임차,
전세

전월세전환율을
아십니까

많은 나라에서 임차료의 기본 형태는 월세입니다. 전세금이라는 목돈을 임차료로 제공하는 경우는 매우 드뭅니다. 거의 우리나라에만 있는 독특한 형태라고 할 수 있습니다. 물론 월세에서도 일정 금액을 보증금으로 예치해야 하는 경우가 많습니다. 그러나 이는 보증금이지 전세금이 아닙니다. 그렇다면 월세와 전세의 관계를 어떻게 봐야 할까요? 월세와 전세는 사실 서로 대체 가능한 구조를 갖고 있습니다. 실제 '전월세전환율'이라는 비율이 별도로 발표되기도 합니다.

$$전월세전환율 = \frac{월세(12개월\ 합)}{전세금}$$

예를 들어 월세 100만 원, 전세가격이 5억 원이라면, 전월세전환율을 위 식에 따라 계산해보면 2.4%가 나옵니다.

(100만 원×12)/5억 원 = 2.4%

실제 현장에서는 전세를 월세로 전환할 때, 전세 1억 원당 월세 ○○만 원 등으로 말합니다. 예를 들어, 전세 6억 원짜리 집을 전세 5억 원과 월세로 전환하고자 한다면, 1억 원이 줄어든 전세가격에 대해 전월세전환율 5%를 적용하여 연간 500만 원, 월세로는 약 416,000원이 됩니다.

1억 원당 전월세전환율 5% = 1년 월세 합 500만 원

월세 = 500만 원/12개월 = 41.6만 원

전월세전환율을 너무 높게 잡을 수 없도록 주택임대차보호법(이하 '주임법')에서는 그 상한을 정해두었습니다. 주임법상의 전환율은 10%를 넘지 못하거나, '기준금리 + 2%'를 넘지 못하게 되어 있습니다(주임법 제7조의 2, 주임법 시행령 제9조). 다만, 이는 상한선의 개념일 뿐이어서 실무적인 전환율은 계속 변합니다. 그리고 더 깊게 들어갈수록 깨닫게 되지만, 전월세전환율은 결국 '임대인의 요구수익률과 임차인의 조달비용' 사이의 균형에서 결정됩니다.

임대인 입장에서 순 월세는 주택의 매매가를 100% 자신이 마련

한 상태를 의미합니다. 반면 순 전세는 타인 자본을 극한으로 활용한 경우를 의미합니다. 그럼 어떤 것이 임대인에게 유리할까요? 정답은 '그때그때 다르다'입니다. 임대소득이 높다면 임대인들은 주택을 보유하고 임대소득을 기대합니다. 혹은 임대소득이 너무 낮다면 레버리지를 사용해서 매매차익을 노립니다. 이때 전월세전환율이 매우 중요한 기준이 되는데요. 만약 임대소득이 임대인의 요구수익률을 밑돌면 그는 월세보다는 전세를 유지하려 하겠지요(수익형 투자보다는 차익형 투자 개념), 전환율이 요구수익률을 초과하면 월세로 전환하고자 할 것(차익형보다 수익형 개념)입니다.

- **부동산 임대소득이 요구수익률을 넘어설 때 = 월세로 전환**(수익형 부동산 투자)
- **부동산 임대소득이 요구수익률에 못 미칠 때 = 전세로 전환**(차익형 부동산 투자)

이처럼 임대인에게 요구수익률은 매우 중요한 기준이 됩니다. 하지만 임대인만이 이를 결정하는 것은 아닙니다. 임차인도 임대차 조건 중 전세와 월세를 비교하여 선택할 수 있습니다. 전세를 선택하는 것이 유리할지 월세를 선택하는 것이 유리할지는 마찬가지로 '그때그때 달라요'입니다. 이때도 전세냐 월세냐에 대한 결정에서 전월세전환율이 선택의 기준이 됩니다. 월세가 전환율보다 낮으면 월세를 선택하고, 월세가 전환율보다 높으면 전세를 선택할 가능성이 높습니다. 전세를 선택한다면 자기자본 또는 대출금리가 조달비용이 됩니다. 따라서 월세가 대출이자보다 낮다면 월세를 선호하고, 월세가 대출이자보다 높다면 전세를 선호하겠지요.

● 전세는 40여 년의 월세를 현재가치로 할인한 금액

전월세전환율은 부동산 임대인의 입장에서는 수익형 부동산 투자인지, 차익형 부동산 투자인지를 결정하는 기준 수익률로 작용할 뿐 아니라, 임차인도 월세와 전세 중 어떤 것을 선택할지 결정하는 기준이 됩니다. 이러한 이유로 전월세전환율은 임대인과 임차인 간의 균형을 맞추는 요소이며, 임대차 제도 안에서도 적절한 전세와 월세의 수급 균형을 맞추는 열쇠 역할을 합니다.

2022년 하반기부터 역전세가 나오면서 전세가격은 내려가고 반대로 월세 계약의 비중이 높아지고 있습니다. 한국은행에서 금리를 올리면서 전세금의 조달금리가 높아졌기 때문입니다. 임차인들이 조달금리보다 낮은 월세를 선택하기 시작하자 전세가격이 상당한 조정을 받고 있습니다.

우리가 평소 자주 사용하면서도 제대로 이해하지 못하는 개념 중 하나가 바로 전세입니다. 전세는 순수 보증금으로 이루어진 임대차계약 형태를 의미합니다. 전세는 보증금의 규모가 월세의 240개월, 즉 20년 치 이상인 경우에만 해당합니다. 이 전세가격은 약 40년 치 월세수익을 현재가치로 할인한 금액과 비슷합니다. 그리고 40년은 주택의 수명과 매우 근접한 기간입니다. 이러한 이유로 전세가격은 건물의 생애주기 전체에 해당하는 월세수익의 현재가 치로 볼 수 있습니다.

전세는 2+2=4년까지만 보장되는 임차권인데 20년, 40년이라는 기간이 등장하니 이해가 잘 가지 않을 수도 있습니다. 하지만 일반 적인 거래 상식을 동원하여 생각해본다면 그리 어렵지 않게 이해 할 수 있습니다. 월세나 연세는 월 단위, 연 단위로 임차인이 주택 사용료를 지불하지 않으면 해당 주택에 대한 권리를 잃습니다. 하 지만 전세는 임대인이 임차인에게 전세금을 반환하지 않으면 임차 인의 권리는 사라지지 않습니다. 그러니까 전세금을 반환받지 않으 면 해당 주택이 멸실될 때까지는 임차인의 권리가 유지될 수도 있 습니다. 주택이 사라진다면 당연히 그 주택에 대한 임차 권리도 소 멸할 테니까요.

정리하자면, 전세는 현재 주택이 멸실될 때가지의 수익가치에 해 당하는 금액을 맡겨놓았다가 계약이 끝나면 돌려받는 제도라고 이 해할 수 있습니다. 전세금을 돌려주지 않는다면 주택이 멸실될 때 까지 해당 주택의 수익가치를 자신이 누려야 정당하니까요.

물론 주택의 주인은 소유한 대지권에 근거해 2기 주택을 지어서 새로운 수익을 창출할 수도 있겠지요. 이 부분은 나중에 주택 소유권의 가치와 관련해서 자세하게 설명하겠습니다.

전세와 월세가 전환된다는 개념은 나중에 살펴볼 아파트의 가치 평가에서도 매우 중요한 개념이어서 여기서 정리하고 넘어갈 필요가 있습니다. 정리하면, 월세는 1개월, 연세는 1년 동안 '입지+상품'인 부동산을 임차하는 데 드는 비용을 말합니다. 전세는 산술 20년 이상의 부동산 임차료에 해당합니다.

- **월세** = 1개월 '입지가치+상품가치'를 사용하는 비용
- **연세** = 1년간 '입지가치+상품가치'를 사용하는 비용
- **전세** = 산술 20년 이상의 '입지가치+상품가치'를 사용하는 비용

매매가격보다
변동 폭이 큰 전세가격

    서울시 강동구 고덕지구는 1981년 4월 택지개발지구로 지정되었고, 이듬해 착공을 시작해 1985년에 준공된 아파트 밀집 지역입니다. 이 지역의 총면적은 웬만한 신도시 한 개 규모에 맞먹는데요, 3.1제곱킬로미터이며, 천호동에서 약 2킬로미터 떨어져 있습니다. 개발 당시 인구는 7만 5천여 명이었고 1만 8,800여 세대를 건설할 목표로 조성되었지요.

    고덕지구에는 고덕주공1단지부터 9단지까지 9개 단지가 건설되었습니다. 2010년대 들어서면서부터 순차적으로 재건축되었고, 2022년에 8, 9단지를 제외하고는 모두 재건축을 완료했습니다. 고덕지구가 시장에 크게 알려진 것은 입지가 가장 좋기로 유명한 3단지 재건축인 고덕아르테온과 2단지 재건축인 고덕그라시움 같은 단지들이 본격적으로 준공된 시점부터였습니다.

그중에서 고덕주공3단지를 재건축한 고덕아르테온 단지(2020년 준공, 4,066세대, 용적률 249%)를 직접 방문한 적이 있습니다. 2022년 10월에 〈채부심〉 현장 답사를 위해 촬영하러 갔는데, 이 단지를 현장 답사지로 선정한 이유는 실거래가 하락 폭이 눈에 띄게 높았기 때문입니다. 전용면적 85㎡의 실거래가가 2022년 4월에 19억 8천만 원으로 최고가를 기록했지만, 이후 7개월 만인 2022년 11월에 12억 9천만 원으로 최고가 대비 6억 9천만 원이나 하락하는 모습을 보였습니다. (단지에 대한 상세한 영상은 〈채부심〉 채널에서 볼 수 있으니 참고하세요.)

최고가 동은 고덕아르테온 별동에 있는 339동이었고, 최저가 동은 본동에 있었습니다. 참고로 이 단지의 별동은 어느 쪽을 바라보든 싱그러운 숲을 조망할 수 있는 일명 숲세권이어서 가격이 충분히 셀 법한데요. 다만, 단지 전체적으로 하락세가 완연했고, 고점 대비 하락 폭이 유난히 높게 나온 단지라는 점에서 앞서 살펴본 다른 아파트들과 같았습니다.

고덕동 일대의 매매가격이 급변하자, 언론은 이 아파트 매매가의 변화에 주목하며 앞다투어 보도했습니다. 입지가치 면에서 고덕아르테온보다 조금 더 높은 평가를 받는 고덕그라시움(2019년 준공, 4,932세대, 용적률 250%)도 상황은 비슷했습니다. 전용면적 85㎡의 실거래가가 2021년 10월 20억 원에서 2022년 11월 13억 9천만 원으로 6억 1천만 원 하락했습니다. 이러한 상황으로 인해 사람들은 고덕동 일대를 '매매가격이 많이 하락한 지역'으로 기억하고 있는 것 같습니다.

고덕동의 매매가격 변화를 얘기하는 사람들에게 "강동구 고덕동 신축 아파트의 전세가 얼마쯤 할 것 같으세요?"라고 물어보면, 의외로 선뜻 답을 하지 못합니다. 전세가격의 변화는 뉴스에 잘 나오지 않기 때문입니다. 사람들은 전세 실거래를 잘 살펴보지 않습니다. 월세 실거래는 더더욱 보지 않고요. 이런 현상은 고덕동뿐만이 아닙니다.

2022년 하반기에는 서울, 경기도, 대구, 부산, 인천 등 전 지역에서 매매가격이 하락했습니다. 특히 서울에서도 강남 3구 중 하나인 송파구에서 가격 하락 폭이 매우 크게 나타났습니다. 송파구 잠실동의 엘스, 리센츠 등 특정 지역을 대표하는 랜드마크급 아파트 단지들에서 국민주택 평형의 가격이 고점 대비 20~30% 수준으로 크게 하락한 것입니다. 그런데 이들 매매가격 하락은 연일 뉴스로 쏟아져 나왔지만, 전세가격이 어떻게 변화하고 있는지는 언론에서 잘 다루지 않았습니다. 중요한 사실은 2022년에는 매매가격보다도 오히려 전세가격이 더 많이 하락했다는 것입니다.

2021~2022년 지역별 매매가격 변동률

지역	누계		'22년					
	'21년	'22년	11.21	11.28	12.5	12.19	12.19	12.26
전국	13.25	−7.22	−0.50	−0.56	−0.59	−064	−0.73	−0.76
수도권	16.28	−9.14	−0.61	−0.69	−0.74	−0.79	−0.91	−0.93
지방	10.43	−5.35	−0.40	−0.43	−0.45	−0.50	−0.55	−0.59
서울	6.58	−7.20	−0.52	−0.56	−0.59	−0.65	−0.72	−0.74
경기	20.76	−9.61	−0.61	−0.71	−0.78	−0.81	−0.96	−0.99
인천	22.56	−11.81	−0.83	−0.94	−0.98	−1.04	−1.12	−1.18
부산	13.59	−6.28	−0.46	−0.53	−0.53	−0.49	−0.61	−0.70
대구	8.50	−11.91	−0.59	−0.57	−0.68	−0.87	−0.83	−0.87
광주	9.34	−3.89	−0.45	−0.46	−0.45	−0.48	−0.50	−0.47
대전	14.32	−9.43	−0.48	−0.62	−0.61	−0.62	−0.77	−0.74
울산	9.35	−6.93	−0.65	−0.56	−0.58	−0.52	−0.53	−0.52
세종	−0.68	−16.74	−0.64	−0.77	−1.02	−1.22	−1.52	−0.68
강원	10.33	−0.59	−0.11	−0.16	−0.16	−0.20	−0.24	−0.18
충북	13.66	−2.72	−0.23	−0.25	−0.19	−0.47	−0.39	0.35
충남	13.58	−3.24	−0.17	−0.20	−0.27	−0.28	−0.31	−0.25
전북	7.61	−0.12	−0.36	−0.37	−0.38	−0.37	−0.37	−0.39
전남	3.54	−4.41	−0.23	−0.25	−0.26	−0.28	−0.31	−0.39
경북	9.11	−2.51	−0.26	−0.27	−0.26	−0.38	−0.45	−0.38
경남	9.64	−4.38	−0.49	−0.55	−0.51	−0.51	−0.66	−0.87
제주	20.13	−1.38	−0.10	−0.10	−0.39	−0.47	−0.38	−0.28

* '21년 및 '22년 누계는 동일 누적 주차를 기준으로 산정.(예시: '22년 14주 차의 경우, '21년 수치 또한 14주 차 누계치임)

출처: 한국부동산연구원

실제 수치로 확인해보면, 전국적으로 전세가격이 매매가격보다 더 큰 폭으로 하락한 것을 알 수 있습니다. 2022년 하반기에는 매매가 격 하락 뉴스가 연일 언론을 장식했는데, 2022년 12월 26일 기준, 매매가격 변동은 전국이 −7.22%이며, 수도권이 −9.14%, 서울은 −7.20%로 나타났습니다. 세종은 −16.74%, 대전은 −9.43% 하락 했습니다. 미분양이 급증한 대구도 −11.81% 하락률을 보였습니다.

2021~2022년 지역별 전세가격 변동률

지역	누계		'22년					
	'21년	'22년	11.21	11.28	12.5	12.19	12.19	12.26
전국	9.13	-8.23	-0.59	-0.69	-0.73	-0.83	-0.90	-0.92
수도권	9.84	-11.25	-0.81	-0.95	-1.00	-1.12	-1.21	-1.24
지방	8.45	-5.25	-0.39	-0.44	-0.47	-0.55	-0.61	-0.60
서울	5.31	-9.36	-0.73	-0.89	-0.96	-1.08	-1.13	-1.22
경기	11.26	-11.62	-0.83	-0.96	-1.00	-1.12	-1.22	-1.25
인천	15.38	-14.23	-0.87	-1.05	-1.11	-1.26	-1.36	-1.28
부산	8.90	-6.32	-0.50	-0.58	-0.60	-0.58	-0.66	-0.77
대구	7.03	-14.31	-0.71	-0.83	-0.85	-1.14	-1.12	-1.07
광주	5.36	-4.62	-0.47	-0.47	-0.46	-0.52	-0.52	-0.50
대전	13.30	-10.20	-0.47	-0.60	-0.62	-0.67	-0.79	-0.67
울산	13.35	-6.24	-0.63	-0.63	-0.68	-0.69	-0.69	-0.67
세종	7.25	-19.79	-0.73	-0.88	-0.81	-1.25	-1.51	-1.72
강원	7.43	-1.37	-0.18	-0.17	-0.14	-0.22	-0.19	0.19
충북	11.25	-1.98	-0.22	-0.25	-0.31	-0.62	-0.48	-0.38
충남	10.76	-3.57	-0.24	-0.23	-0.36	-0.40	-0.37	-0.30
전북	6.40	0.06	-0.29	-0.26	-0.25	-0.26	-0.36	-0.37
전남	4.11	-3.35	-0.19	-0.18	-0.19	-0.22	-0.28	-0.37
경북	7.58	-1.00	-0.21	-0.24	-0.26	-0.37	-0.52	-0.37
경남	6.87	-1.85	-0.30	-0.39	-0.42	-0.47	-0.60	-0.68
제주	16.02	-0.49	-0.08	-0.05	-0.21	-0.24	-0.29	-0.22

* '21년 및 '22년 누계는 동일 누적 주차를 기준으로 산정.(예시: '22년 14주 차의 경우, '21년 수치 또한 14주 차 누계치임)

출처: 한국부동산연구원

그럼 전세가격 변동률을 살펴볼까요. 전세는 전국적으로 -8.23% 하락했는데요, 매매가의 하락이 -7.22%인 점과 비교하면 하락 폭이 1.01%p 더 크게 하락했습니다. 수도권 전세가 하락은 -11.25%로, 매매가의 -9.14% 대비 2%p 이상 크게 하락했습니다. 서울의 전세가 하락도 -9.36%로, 매매가 -7.20% 대비 2%p 이상 수준으로 초과 하락했습니다.

물론 전세가격은 매매가격보다 금액 자체가 더 적으므로 하락률이 높더라도 하락 금액 자체가 더 큰 것은 아닙니다. 그러나 중요한 점은 전세가격이 매매가격보다 하락률이 더 높다는 사실이죠. 이처럼 전국, 수도권, 서울의 모든 지역에서 전세가 하락은 매매가 하락보다 더 컸습니다. 그럼에도 전세가 하락은 많은 이들에게 뉴스가 되지 못했습니다.

지방에서도 마찬가지입니다. 연간 매매가 하락 폭이 가장 큰 세종과 대전의 경우, 세종의 전세가 하락은 -19.79% 수준이며, 대전은 -10.2%로 매매가 하락 폭보다 더 큽니다. 또한 대구에서도 전세가 하락 폭이 -14.31%로, 매매가 하락 폭보다 2%p 이상 더 크게 하락한 것을 알 수 있습니다.

전세가격의 급락에도 불구하고 언론에서는 오로지 매매가격 하락만을 보도합니다. 왜 그럴까요? 매매가격만 눈에 보이기 때문이다.

전세가격은
매매가격의 미래를 알고 있다

통상 주택은 'House', 주거는 'Home'으로 번역합니다. 주택이 물리적 실체에 대한 개념이라면, 주거는 물리적+비물리적 실체에 대한 개념입니다. 주거란 인간이 살아가는 주택과 그 주변의 근린 환경을 모두 포함합니다.

주택시장은 종종 제품에 비유됩니다. 유형의 자산이어서입니다. 그러나 주거시장은 서비스의 영역이라고 할 수 있습니다. 임대차계약을 체결하여 서비스를 제공하기 때문에 우리는 주거시장을 임대차 시장이라고도 부릅니다. 요즘 미국의 인플레이션율이 화두인데, 그 인플레이션율에서도 주거는 서비스 물가에 포함됩니다. 임대차 시장은 곧 임대인과 임차인이라는 두 주체가, 주거서비스 비용을 결정하는 시장입니다. 그리고 주거서비스 비용, 즉 임차료는 입지와 상품을 이용하는 데 드는 비용이 됩니다. 그래서 월세는 한 달을, 연세는 1년을, 전세는 최소 20년 이상을 사용하는 데 드는 비용이지요. 더욱 중요한 것은, 자가와 임대의 차이가 이용하는 서비스의 내용(입지와 상품)이 아니라 단지 '기간'이라는 점입니다.

그렇다면 주택을 구입한다는 것은 무슨 의미일까요? 이는 임대차를 통해서 '일정 기간'만 이용하는 것이 아니라, 그보다 더 큰 비용을 지불해서 이른바 '기간 무제한인 주거서비스' 비용을 내는 개념입니다.

이처럼 연세가 1년을, 전세는 20년 이상을, 매매는 기한이 무제한인 상황을 의미한다면, 임차료는 주택의 가치를 설명하는 매우 핵심 요인이라고 할 수 있습니다. 월세냐 전세냐 매매냐의 차이는, 단지 사용하는 기간에 따라서 지불해야 하는 금액이 달라지는 것이기 때문입니다.

잠시 기업의 경우를 살펴보겠습니다. 기업의 가치는 주로 이익에 기반하여 평가됩니다. 그러나 기업의 가격인 주가는 단순히 이익만을 고려한 것이 아니라, 여러 가지 거시경제적 변수들(예를 들어 금리나 경제성장률 등)에 따라 변동합니다. 즉, 기업의 가격인 주가는 이익과 다른 변수들의 영향을 받아 변동하지만, 기업의 가치는 여전히 이익을 중심으로 평가됩니다. 만약 금리가 낮아지면, 일시적으로 주가가 상승할 수 있지만(코로나19 팬데믹 기간의 기술주를 떠올려보세요) 결국에는 이익이 증가해야 그 주가가 유지될 수 있습니다. 다만, 사람들은 가치보다는 가격에 더 영향받습니다. 왜냐하면 가격은 눈에 보이고 가치는 눈에 보이지 않기 때문입니다.

주택도 비슷합니다. 주택가격 역시 여러 요소의 변화에 따라 달라집니다. 수요와 공급의 균형, 대출이나 금리와 같은 유동성 환경, 경기와 같은 거시경제적 변수 등이 이에 영향을 미칩니다. 이러한 변수들은 주택의 가격 변동을 결정하는 데 중요한 역할을 합니다. 그러나 주택의 가치는 사실 임대료를 기반으로 결정됩니다.

따라서 기업의 이익이 감소하면 주가가 하락할 것으로 예상하는 것과 마찬가지로, 임차료가 상승하는 환경에서는 주택가격이 상승할 것으로 기대할 수 있으며, 반대로 임차료가 횡보하거나 하락하는 환경에서는 주택가격도 하락할 것으로 판단할 수 있습니다. 이러한 이유로, 임차료의 의미가 기업의 이익과 유사할 만큼 중요하고 핵심적이라는 것을 알 수 있습니다.

• 매매가격과 전세가격의 차이

앞서 설명했듯이 명목으로 20년 이상을 임차할 수 있는 것이 전세입니다. 그렇다면 매매가격은 전세가격보다 약간 높은 수준에서 결정되는 것이 합리적인 가격대가 아닐까요? 구체적으로 얼마나 높아야 하는지 지금 말할 수는 없더라도 최소한 20년 이상 거주하는 비용이 전세가격이라고 한다면, 또 그 전세가격 역시 임대인의 요구수익률과 임차인의 조달비용 수준에서 월세를 기준으로 결정된다면, 매매와 전세의 가격 차이는 '20년 이상의 특정 기간'이냐, 혹은 '무제한'이냐의 차이만 남습니다. 통상 미래의 1억은 현재의 1억보다 가치가 낮습니다. 이는 미래의 돈이 현재가치로 할인되기 때문인데요, 그래서 무제한의 기간이라 하더라도 미래의 1억을 할인하면 할인기간이 50년, 100년, 500년, 1,000년 등에 따라서 점점 0원에 가깝게 수렴되므로, '무제한'이라는 기간에 미리 겁을 먹을 필요가 없습니다.

매매가격을 무제한 기간 동안의 임차료라고 할 때, 그것은 미래의 값을 할인한 결과로 결정되는데, 이 할인율에 따라 매매가격은 전세가격 대비 몇 배 정도로 표현할 수 있습니다. 재미있는 점은 할인율이 높을수록 매매가격은 점점 현재의 전세가격에 가까워지고, 할인율이 낮을수록 매매가격은 전세가격 대비 높아진다는 것입니다. 이 부분은 일견 혼동하기 쉬운데, 할인율이 낮을수록 값이 큽니다. 1을 5%와 2%로 나눠서 본다면, 2%가 할인율이 '낮은 것'인데, 결과값은 5%로 나눌 때는 20, 2%로 나눌때는 50이 됩니다. 즉 낮은 할인율이 더 큰 값으로 이어집니다.

전세가격과 매매가격은 얼마의 차이가 나는 것이 적절할까요? 사례를 통해서 찾아보겠습니다. 전세가격과 매매가격이 차이가 큰 지역과 그렇지 않은 지역을 비교해보겠습니다. 2022년 4분기 기준, 1998년 준공된 대구 신천동 신천2주공아파트(1998년 준공, 609세대, 용적률 270%)의 경우, 준공한 지 24년 차이긴 하나 1990년대 말에 건설되어서 나름대로 주거요건이 괜찮은 지역입니다. 그런데 이 단지의 전용면적 50㎡인 21평형 매매가격이 평균 1억 5,300만 원인데 반해 전세가격은 평균 1억 3,500만 원입니다. 불과 1,800만 원 차이입니다.

바로 옆 신축 단지 상황도 비슷합니다. 신천역센트럴리버파크(2011년 준공, 785세대, 용적률 238%)는 전용면적 59㎡인 25평형의 매매가격이 평균 3억 3천만 원이고, 전세 시세는 평균 2억 8천만 원으로 매매가격과 전세가격의 차이가 5천만 원이 납니다.

같은 대구에서도 가장 입지환경이 좋은 대구시 수성구는 어떨까요? 범어센트럴푸르지오(2019년 준공, 705세대, 용적률 726%)단지의 경우, 전용면적 85㎡의 2022년 12월 기준 평균 매매가격은 8억 8천만 원이며, 전세가격은 평균 4억 원입니다. 매매가격과 전세가격의 차이가 무려 4억 8천만 원입니다. 바로 옆 단지인 수성태영데시앙(2008년 준공, 718세대, 용적률 286%)의 전용면적 85㎡도 매매가격 6억 원, 전세가격 3억 7,500만 원으로, 2억 2,500만 원의 차이가 납니다. 앞서 두 단지와, 지금 두 단지를 바라보는 시장의 시각 차이가 얼마나 큰지를 알 수 있습니다.

부동산시장에서 매매가와 전세가는 서로 영향을 미치는 관계입니다. 그리고 전세가격은 월세가격의 영향을 받습니다. 월세를 전세로 전환하거나, 전세를 월세로 전환할 때 전월세전환율을 씁니다. 따라서, 월세를 기반으로 부동산의 가치를 계산하려는 것이나, 전세를 기반으로 계산하려는 것이나, 결국은 같은 얘기입니다.

게다가 전세나 월세로 거주해도 아파트 단지 입주민이고 단지의 여러 서비스를 이용하는 데 아무런 문제가 없습니다. 즉 아파트라는 상품가치와 주변 인프라로 대표되는 입지가치를 온전히 이용하는 데 드는 비용이 바로 임차료가 된다는 것입니다. 그 기간이 4년에 해당하는 것이 현재의 전세가격이고, 그 기간이 무제한인 것이 현재의 매매가격입니다.

그렇다면 매매에 대한 의사결정도 당연히 현재 월세나 전세가격을 바탕으로 판단할 수 있습니다. 예를 들어 주택의 매매가격이 전세가격의 1.2배인 대구 신천역 센트럴리버파크의 경우, 월세가 보증금 2천만 원에 100만 원이라고 할 때, 그는 1년 거주에는 1,200만 원을, 2년 거주에는 2,400만 원을 내야 합니다. 같은 방식으로 20년 이상 거주하려면 전세금인 2억 8천만 원을 조달하면 됩니다. 그런데 무제한 거주한다고 하면, 3억 3천만 원으로 전세가격에서 5천만 원'만' 더 내고 전세가 아닌 매매를 선택할 수도 있지요.

물론 주택 매수를 이런 이유만으로 결정하는 것은 아니지만, 실거주 1주택자 입장에서는 1년이냐, 2년이냐, 4년이냐, 20년 혹은 무제한 거주냐는 매우 중요한 차이가 있습니다. '임차 기간의 차이가 있느냐 없느냐'의 근본적 차이이기 때문이며, 이 차이가 전세와 매매를 나누기 때문입니다. 따라서 임차인들은 실제로 이 정도 구간에서는 꽤 적극적으로 매수를 고려할 만한 가격일 수 있습니다.

그런데 반대로 같은 대구 지역의 범어센트럴푸르지오의 경우, 전세가격은 4억 원이고 매매가격은 8억 8천만 원이므로, 매매와 전세가격 사이에 4억 8천만 원이라는 적지 않은 금액 차이가 납니다. 해당 단지의 월세를 보증금 5천만 원에 150만 원이라고 할 때, 1년 주거비로 1,800만 원, 2년은 3,600만 원이 들어갑니다. 그리고 20년 이상을 의미하는 전세는 4억 원(2023년 1월 기준)이 되며, 무제한 거주를 위한 매매를 하려면 추가로 4억 원 이상이 더 필요합니다. 분명히 이 매매가격이 비싸다고 느낄 임차인들이 있을 것입니다. 앞서 신천역 센트럴리버파크와 범어센트럴푸르지오의 매매가와 전세가는 임차인들이 체감하는 부담에서 차이가 분명히 존재합니다. 그렇다고 매매가와 전세가의 차이가 좁으면 매수하고, 커지면 매수하지 않느냐 하면 그것 역시 그렇지 않습니다. 앞서 할인율이 낮을수록 값이 커지는 것을 봤는데, 할인율이 낮다는 것은 우량자산이라는 반증이기 때문입니다. 이 부분은 뒤에서 자세히 설명하겠습니다.

이처럼 주택가격을 주거비 개념으로 바라볼 때 매매가격은 결국 영원히 거주하는 데 필요한 총주거비를 나타냅니다. 이것이 월세나 전세를 기반으로 매매가격의 합리성을 추정하는 출발점입니다. 그런데, 이렇게 월세와 전세를 기반으로 매매가의 적정성을 판단하는 데 따른 법적 문제점은 없을까요? 다음 4부에서는 이 부분에 대해 자세히 살펴보겠습니다.

'전세'라는 요물의 탄생과 그 이후

전세 사기는 부동산시장에서 일어나는 범죄 중 하나입니다. 전세 사기는 전세금을 빼앗긴 피해자뿐만 아니라, 부동산시장의 안정성을 위협하는 요인 중 하나입니다.

2022년 인천을 포함한 경기 서부를 중심으로 전세 사기 피해가 급증했습니다. 특히 많게는 수천 채 이상의 빌라를 매입해서 많은 임차인에게 사기를 친 사람이 있었습니다. 시장에서는 그를 일명 '빌라왕'이라고 불렀습니다. 적정한 전세 시세가 2억 원인데, 전세금으로 3억 원을 받은 후 이를 재투자에 활용하거나 3억 원의 전세를 끼고 해당 주택을 부실기업에 매각함으로써 임차인들의 전세금 반환 대상을 원소유주가 아니라 부실기업으로 바꾸어버렸습니다.

임차인이 있는 상태에서도 주택을 매매할 수 있기 때문에 이런 사기 행위가 이루어집니다. 매수한 법인도 소위 무無갭투자(매매가격과 전세가격의 차이가 제로인 상황, 예를 들어 매매가격이 3억 원이고, 전세가격도 3억 원인 경우)로 샀으니 자기 돈은 한 푼도 들지 않은 것입니다.

그런데 문제는 매매 2억 5천만 원, 전세 2억 원 정도 하는 건물의 전세가격으로 3억 원을 받았으니 그 가격에 새로 들어올 임차인을 구할 수가 없다는 것입니다. 그로 인해 전세금을 돌려주기 힘들어집니다. 나중에 기업이 그 부동산을 청산하더라도, 2억 5천만 원의 건물을 3억에 구입할 사람은 없을 테고 결국 매수자는 현재 살고 있는 임차인이 될 수밖에 없다는 것이 현실입니다. 돌고 돌아 자신이 가장 비싸게 사는 셈이 되는 것이죠.

대부분 전세 사기는 전세 시세가 제대로 형성되지 않은 지역이나 상품, 즉 아파트보다는 빌라에서 자주 발생합니다. 사기 수법도 상당히 다양하지만, 문제는 사기를 당하지 않더라도 전세라는 임차는 그 태생부터 보증금을 제때 돌려받지 못할 위험이 잠재되어 있다는 것입니다. 그런데도 월세로 거주하기보다는 전세로 거주하는 것이 경제적이라는 사회적 통념 때문에 전세는 서민 주거의 한 방식으로 자리 잡고 있습니다.

사적 금융으로 시작한 전세

전 세계를 통틀어 우리나라에만 있다는 전세 제도는 언제부터 시작된 걸까요? 전세 제도의 기원은 주택금융 도입기 이전으로 거슬러 올라갑니다. 1967~1979년에는 주택을 개인이 매수할 때 금융기관의 도움을 받는 방법이 사실상 드물었기 때문에, **임차인의 보증금인 전세를 활용해서 이를 레버리지 자금으로 활용하는, 이른바 현대식 갭투자의 원형이 이 시기부터 나타났습니다.** 그 당시는 주택 구입 자금보다 주택 건설 자금의 대출 비중이 훨씬 높았으며, 집을 사는 것은 곧 집을 짓는 것을 의미했습니다. 또 주택 구입 자금 대출자의 자격도 주택부금 가입자로 한

정하는 등 대출이 제한적으로 허용되어 전세를 활용하는 경우가 많았습니다. 이런 이유로 부동산에서 레버리지를 원하는 사람들이 임차인의 보증금을 활용한 것이 전세의 시작이 되었습니다.

주택금융 도입기

구분	주요 내용
주택금융 도입기 (1967-1979)	• 한국주택금고 설립(1967년) - 대출신청자를 주택부금 가입자로 한정(1969년) - 주택 구입자금 대출보다 주택건설자금 대출의 비중이 높음 ※ 1967년 이전: 제도적 기반과 역량 부족으로 전세금 등을 활용한 사적금융시장에 의존

주: 한국주택금융공사(2016, 52-81)는 주택금융 도입기를 1945-1979년로 구분하고 있으나, 1967년 이전에는 주택금융의 개념이 정립되지 않았던 점(김덕례·한동진 2015, 20-23)을 고려하여 이 연구에서는 1967-1979년으로 설정
자료: 한국주택금융공사(2016, 52-81); 김덕례, 한동진(2015, 20-23); 전광섭, 문근식(2020, 91-94)을 참고하여 연구진 작성

출처: 주택연구원

사적 금융에서 시작한 만큼 근현대 역사를 지나는 동안 임대인과 임차인의 계약 관계에서 늘 피해를 보는 쪽은 임차인이었습니다. 임대인이 돈을 받고 임차인이 돈을 주기 때문입니다. 그래서 전세 사기가 발생하면 약자는 늘 임차인일 수밖에 없습니다. 이같이 피해가 한 방향으로만 쏠리는 분야도 드뭅니다. 지금도 임대차 보증금 미반환 문제에서 피해는 늘 임차인의 몫입니다.

전세 사기로 인해 임차인의 취약성이 확대되자, 우리나라는 주택임대차보호법(이하 '주임법')을 1981년부터 시행했습니다. 임차인은 임차권을 등기하지 않더라도, 전입신고를 하면 이른바 대항력을 행사할 수 있도록 하는 것이 골자입니다. 예전에는 민법 등에서 정해놓은 전세권을 설정해야만 대항할 수 있었던 권리가, 주임법이 등장한 이후부터는 전입신고만으로 수월하게 대항력을 확보할 수 있게 배려한 것입니다.

사실 전세권 설정 등기는 우리 실생활과 매우 동떨어져 있었는데, 이렇게 주임법에서 전입신고와 확정일자를 받는 것만으로도(지금은 전입신고만으로도) 사실상 선순위 채권자가 되는 대항력이 생긴 것입니다. 그런데도 현재 전세 사기의 피해 규모나 전세보증금 미반환 규모는 매년 최대치를 경신할 정도로 전세 시장의 불안이 이어지고 있습니다.

1998년 이후 주택담보대출의 활성화로 인해 가계들은 은행을 통해 주택 구입 자금을 대출받을 수 있게 되었습니다. 집을 사는 데 활용할 수 있는 주택담보대출의 시대가 열린 것입니다. 그럼 임차인의 사적 금융을 활용하는 전세 긴 갭투자는 사라졌을까요?

전세의 제2차 성장은 MB정부 때 진행되었습니다. 글로벌 금융위기 이후 주택시장이 하락하면서 사람들은 매매보다는 임대차를 선택하는 경향이 도드라졌는데요, 이 과정에서 전세의 선호도가 높아지면서 전세가격이 상승합니다. 이러한 상황에서 전세 자금이 부족한 사람들을 위해 전세자금대출 상품이 출시되었습니다. 전세자금대출은 MB정부 때 1억 원에서 2억 원으로, 이후 점진적으로 상승한 뒤 박근혜 정부 때 5억 원까지 상승하면서 소위 5억 이하 전세까지는 서민 전세가 됩니다. 그러나 전세대출을 통해서 전세가격이 쉽게 오르자, 이를 레버리지로 사용하는 갭투자 비중도 증가할 수밖에 없었고, 관련해서 사건사고가 반복되었습니다. 전세 관련 사고가 계속 이어지자 결국 전세보증보험이라는 상품까지 추가로 출시되는 형국에 이르렀습니다.

2022년 11월에 주택금융공사가 주최한 연말 포럼 행사에 참석한 적이 있습니다. 거기서 2021년 말 기준 우리나라 전세금 총액이 854조 원이라는 연구결과가 있다는 발표 내용을 듣고 이에 관해 토론을 한 바 있습니다. 기관마다 차이가 있긴 한데, 적게는 600조 원에서 많게는 1천조 원으로 추정하는 전세금 총액이 2021년 말 기준으로 854조 원이라는 것입니다.

전세금 규모가 커지면서 전세자금대출도 덩달아 증가했습니다. 2018년부터 1년에 평균 약 25~35조 원으로 급증하기 시작했고, 결과적으로 2021년 말 전세자금대출 총액도 180조 원을 돌파했습니다. 이제 전세는 그 누구도 부정할 수 없는 우리나라 특유의 주택 임차 형식으로 자리 잡았습니다.

전세자금대출 누적액/신규취급액 추이

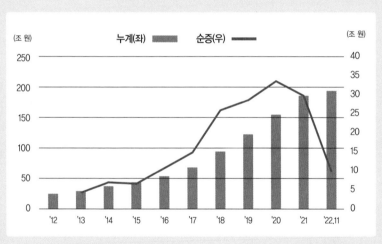

출처: 한국은행, 금융감독원

다소 어려운 내용일 수 있지만 차근차근 따라가면 고개를 끄덕이게 됩니다.

소유권을 사용, 수익, 처분할 권리로 나누어보면

매매가격의 가치평가를 할 수 있다는 사실을 알 수 있습니다.

4부

부동산 소유권을 알면
보이는 것들

소유권 개념의 재발견

책은 사람들에게 상당한 영감을 줍니다. 그동안 제가 영감을 받은 부동산 관련 책이 많지만, 그중에서도 제 생각을 철학적으로 진일보시켜준 책이 있습니다. 바로 2015년에 출간된 박성식 저자의 『공간의 가치』입니다. 우리 부동산시장이 구조적으로 어떻게 움직이는지를 여러 키워드 중심으로 설명하고 있습니다. 그 책을 읽은 후 저자를 직접 만나 부동산에 대해 이런저런 이야기를 나누기도 했습니다. 『공간의 가치』에서는 건축물의 가치를 다음과 같이 3가지로 나눠서 구분합니다.

부동산 가격의 3단 분해(권리/물건/자본구조)

부동산의 3단 분해	권리 개념	=	사용권/수익권	+	처분권
	물리적 개념	=	토지가치	+	건물가치
	자본구성 개념	=	자기자본	+	타인자본

출처: 박성식, 『공간의 가치』(유룩출판, 2015)

이 책은 부동산을 다양한 각도에서 분석하고 있어 흥미로웠습니다. 그중에서도 특히 눈에 띄었던 부분은 부동산을 사용권 및 수익권, 그리고 처분권으로 분류한 것입니다.

권리의 차원에서 구분하는 것은 민법에서 시작합니다. 소유권은 민법에서 정의되며, 민법상 소유권은 "법률의 범위 내에서 소유물을 사용, 수익, 처분할 수 있는 권리"를 갖는다고 간결하게 설명합니다. 그러나 이렇게 간단히 구분된 민법상 소유권의 개념이 이후에 제 머리를 송두리째 헤집어놓았습니다.

이런 식의 권리 분해는 사실 일반인에게 익숙하지 않습니다. 웬만큼 부동산시장에 경험이 많다고 하는 투자자들도 낯설어할 것입니다. 법을 전공하지 않은 저로서도 당연히 낯선 개념입니다. 그런데 놀랍게도 이렇게 권리를 나누어놓고 보니 '토지임대부 주택' 혹은 사회주의 국가에 있는 '처분 권한이 없는 주택' 등의 개념이 쉽게 이해가 되었습니다.

즉, 여러 권리의 합으로 구성된 소유권을 쪼개서 '순수 자본주의'에서 '순수 토지공유제'까지 여러 형태의 토지소유제도가 설계될 수 있다는 점을 이해하게 된 것입니다. 또 나라마다 혹은 같은 나라 안에서라도 토지제도를 어떻게 구성할 수 있는지를 법률로 정할 수 있다는 의미가 됩니다.

토지소유제도의 유형

소유권의 권능	토지 사유제	지대 조세제	공공 토지 임대제	토지 공유제
사용권	사	사	사	공
처분권	사	사	사	공
수익권	사	공	공	공

출처: 김윤상, 「지공주의」(경북대학교출판부, 2011)

위 표는 『지공주의』라는 책에 나온 토지소유제도의 유형을 구분해놓은 것입니다. 토지사유제를 사용권, 수익권, 처분권을 모두 소유할 수 있는 것으로 설명합니다. 반대로 수익권이 공공에 있는 경우에는 '지대 조세제'라고 할 수 있으며, 처분권과 수익권이 공공에 있는 경우에는 '공공토지임대제'라고 구분하며, 토지공유제는 모든 권리가 공공에 있다는 것입니다.

갑자기 이게 다 무슨 이야기인가 싶을지도 모르겠습니다. 하지만 그냥 흘려넘기기에는 깊은 의미가 담겨 있어 더 자세히 설명하겠습니다. 실제로 우리나라도 다양한 토지소유제도를 활용하고 있습니다.

● 강남의 다양한 토지소유제도

2011년 10월 28일, 서울 서초 보금자리주택지구 내 A5 블록에 건설한 주택은 '토지임대부 분양주택'입니다. 그리고 이 입주자 모집 공고문에는 아래와 같은 설명이 나와 있습니다.

■ **토지임대부분양주택(A5BL)**
• 개요: 토지의 소유권은 토지임대주택 건설사업의 시행자가 가지고, 주택 및 공공복리시설 등에 대한 구분소유권은 주택을 분양받은 자가 가지는 주택임
  – 공급조건: 분양가(건물) 임대료(토지 2년마다 갱신 가능)
  – 토지임대기간은 40년 이내며 토지임대료는 택지조성원가를 기준으로 3년 만기 정기예금 평균이자율을 적용하여 산정
• 공급가격: 분양가 + 임대료
  – 분양가는 주택법에 따라 건물의 분양가상한금액 이하에서, 임대료는 조성원가에 3년 만기 정기예금 평균이자율을 곱하고 12개월로 나누어 산정
• 유의사항
  – 입주자는 「토지임대부 분양주택 공급촉진을 위한 특별조치법 시행령」에 의거 최초 주택공급 계약체결 가능일부터 전매제한 5년을 적용받음
  – 입주자는 「보금자리주택건설 등에 관한 특별법」에 의거 최초 주택의 입주 가능일로부터 90일 이내 입주의무와 입주일로부터 거주의무 5년을 적용
  – 재건축연한 40년 경과 후 토지소유자의 동의를 받아 재건축 가능, 재건축 시 40년 이내에서 임대기간 연장

출처: 서초 A5 블록 토지임대부 보금자리주택 입주자 모집 공고 중

이 주택의 공급가액은 '분양가+토지임대료' 형태로 되어 있으며, 분양가는 건물가격입니다. 토지는 사용료만 내는 방식입니다. 그리고 토지의 임대 기간은 40년 이내로 되어 있습니다.

우리는 흔히 분양을 받는다고 하면 토지와 건물을 완전히 소유하는 것으로 알고 있습니다. 하지만 위 사례는 토지는 정부가 소유하고, 건물은 민간에서 소유한다는 의미입니다. 그러니 토지는 분양가가 따로 없고, 월 임대료만 있을 뿐입니다. 주택에 대해서만 소유권을 인정한다는 말입니다.

그럼 토지를 얼마 동안 이용할 수 있을까요? 40년이 기한이지만,

입주자는 재건축 연한인 40년이 지난 뒤 토지 소유자의 동의를 받아서 재건축도 가능하고, 재건축 시 40년 안에서 임대 기간을 연장할 수 있습니다. 즉 80년(40년+40년) 거주할 수도 있다는 말입니다. 이런 주택 공급은 사회주의 국가에서 토지사유제를 인정하지 않는 형태에서 주로 나오는 방식인데, 한국도 이런 다양한 형태의 주거 공급을 한다는 점에서 시사점이 있습니다.

왜 40년인가?

토지임대부 주택에서 주택 수명을 40년으로 한 것에 대한 명확한 규정은 없습니다. 국내 주택의 경우 '장기수선계획'에 따라 유지관리하도록 공동주택관리법에서 정하고 있는데, 거기서 기간을 '40년 정도의 기간'이라고 적혀 있을 뿐입니다. 2014년 9월 1일 대책에서도 재건축 연한을 준공 후 20년 이상의 범위에서 각 지자체의 조례로 결정하게 되어 있었고, 서울시의 경우 최장 40년이었던 것을 최장 30년으로 단축하도록 한 바 있습니다.

현재는 재건축 연한은 30년, 노후계획도시특례법(안)에서는 20년, 공동주택관리법의 장기수선충당의 기간은 40년 정도로 특정한 근거 없이 사용하고 있어서 국내 주택의 수명에 대한 기준이 명확하지 않은 상태입니다.

이 주택은 과연 얼마에 분양되었을까요? 2011년 분양 정보에 따르면, 서초A5BL의 분양가격은 전용면적 $59m^2$ 기준 1억 4,330만 원이었습니다. 14억이 아니고 1억 4,330만 원입니다. 심지어 계약금이 2,860만 원(분양가의 20%)이고, 중도금은 없습니다. 잔금이 8,720만 원에 주택기금을 통한 융자금 2,750만 원을 지원했습니다. 이 아파트는 당시 반값 아파트도 아닌 '반의반 값' 아파트라고 불리면서 공급된 단지였습니다.

단, 분양가가 건축물의 원가 개념인 1억 4,330만 원이었던 만큼 대지비는 소유권이 없는 40년 임차계약이었고, 달마다 내야 하는 임차료는 31만 9천 원이었습니다. 물론 이 역시 월세가 아닌 보증 금 형태의 전세로 전환할 수도 있습니다. 결국 '토지 임차료의 전 세'와 같은 제도를 만들어낸 매우 역사적인 단지 중 하나였지요.

이 단지뿐만이 아닙니다. 2012년에 공급한 LH강남브리즈힐 단 지도 토지임대부 건물분양주택입니다. 전용면적 $84\,m^2$ 기준 분양가 격이 1억 9,850만 원에서부터 2억 2,230만 원이었고, 토지 임차료 는 월 35만 1천 원에서 35만 3천 원 수준이었습니다. 이 단지 역시 건물만 소유하는 개념인데, 그래서 건물의 분양가격은 공급원가인 공사비 수준에서 결정된 것입니다. 이는 토지를 완전히 소유하는 민간분양 아파트와 비교하면 사실상 4분의 1 수준 혹은 이보다 더 낮은 10분의 1 수준의 가격이었습니다.

이 아파트들은 준공 이후 전매 제한 5년이 지난 후부터 매매 거 래가 이루어지기 시작했습니다. 그러나 2022년까지 이 아파트들의 실거래가는 공개되지 않았습니다. 이는 '건물의 소유권'만 거래되 었기 때문입니다. 일반적인 아파트 거래에서는 '토지와 건축물'을 모두 포함하는 가격으로 거래되지만, 이들 아파트 단지에서는 건축 물의 가치만 고려하여 거래가 이루어졌기 때문에 실거래가가 비공 개되었던 것입니다. 이후에야 건축물만의 실거래가가 공개되었는데, 건축물만의 실거래가라는 점에서 매우 흥미로운 부분입니다.

LH강남브리즈힐의 경우 31평형이 2017년에 6억 5천만 원, 2019년에는 8억 9,800만 원, 2020년에는 9억 3천만 원에 거래되었습니다. 이는 건물소유권에 대한 거래였습니다. LH서초5단지의 경우 25평형대가 2016년부터 4억 7,500만 원부터 2017년에 최대 5억 3,500만 원까지 거래되었습니다. LH강남브리즈힐 인근 단지인 세곡푸르지오의 24평형대 아파트 실거래가가 2021년에 최대 15억 2천만 원인 것을 본다면, 토지와 건축물의 총 소유권 가치를 고려한 가격과 건축물만의 가치를 비교했을 때 확실한 차이가 나는 것을 확인할 수 있습니다. 그 차이가 바로 '토지'의 가격이었습니다.

지금까지 본 단지들을 '토지임대부 주택'이라고 부릅니다. 이처럼 토지와 건물의 사용권, 수익권, 처분권의 다양한 조합에 따라 부동산 소유 제도가 매우 달라질 수 있습니다. 이 단지들은 부동산이 '권리'의 분해나 합산을 통해서 그 가치나 가격이 어떻게 변할 수 있는지를 보여줍니다.

우리는 부동산을 소유한다는 개념을 단순히 건물만을 소유하는 것으로 받아들이기 쉽지만, 사실은 토지와 건물을 모두 소유하는 것입니다. 이러한 권리를 분해해봄으로써 우리는 사용, 수익, 처분에 대한 권리를 구체적으로 이해할 수 있습니다. 또한, 부동산 소유에 대한 보다 정확하고 체계적인 이해를 할 수 있으며, 이를 바탕으로 부동산 거래 시 더욱 신중하고 효율적인 선택을 할 수 있습니다.

이렇게 까다로운 법률 관련 얘기를 꺼낸 데는 이유가 있습니다. 바로 가치평가를 설명하기 위해서입니다. 소유권의 가치가 사용권, 수익권, 처분권에 있다면, 또 각각의 가치를 평가할 수 있다면 소유권의 가치, 즉 매매가격의 가치평가를 할 수 있습니다. 제가 이러한 생각으로 사용권, 수익권, 처분권에 집착하기 시작한 것이 2015년이었습니다.

사용권과 수익권으로 본
가치평가

"값은 당신이 지불하는 것이고, 가치는 당신이 얻는 것이다
(Price is what you pay, Value is what you get)."

–워런 버핏(Warren Buffet)

워런 버핏의 이 말은 가치와 가격에 대한 훌륭한 정의 중 하나입니다. 2008년 워런 버핏이 주주들에게 보낸 서한에 나온 문장인데요, 사실 이만큼 가치와 가격을 잘 설명한 문장은 없다고 생각합니다. 제가 감탄한 부분은 사람마다 최종적으로 특정 가치에 부여하는 가격이 모두 다를 수도 있다는 점을 설명한 부분이었습니다.

사람들은 부동산의 가치를 평가할 때 각자의 시각과 선호도에 따라서 다른 가치를 부여할 수 있습니다. 예를 들어, 도시의 번화가에 위치한 아파트는 일반적으로 값이 더 비싸지만, 자연환경과 조용한

곳을 선호하는 사람은 이를 불필요한 가치로 보고 그 가격을 지불하기 싫어할 수 있습니다. 이런 사람은 산에 근접한 외진 아파트를 더 선호할 수 있죠. 이러한 이유로 같은 부동산이라도 사람마다 평가하는 가치가 다를 수 있다는 것이죠.

권리를 기반으로 아파트의 가치평가를 하기 위해 우선 권리 간 관계를 제대로 알아야 합니다. 앞서 이야기한 대로 소유권이란 사용, 수익, 처분할 수 있는 권리입니다. 이 3가지 권리는 '융합'될 수 있을까요, 아니면 끝까지 배타적인 권리 관계로 남을까요. 여기에 대한 답을 찾으려면 이 중 사용권과 수익권에 대해 먼저 생각해봐야 합니다.

주택을 자가로 사용한다는 것과 수익을 낸다는 것은 일단 함께 공존할 수가 없습니다. 소유주(임대인)의 가족 구성원이 해당 주택을 자가로 사용하면서 동시에 그 주택을 다른 사람에게 임차하여 임대수익을 올릴 수는 없으니까요. 이른바 '한 아파트 두 가족' 형태인데, 현실에서 같은 주소에 임대인과 임차인이 거주하는 경우는 없지요. 그러니 사용권과 수익권은 서로 배타적인 관계가 될 수밖에 없습니다. 다만, 소유주가 살다가 다른 사람에게 임대를 주기도 하고, 그 기간이 종료하면 다시 들어와 살기도 하는 등의 선택을 할 수 있습니다. 즉 사용과 수익의 2가지를 번갈아 선택할 수는 있지만, 동시에 선택할 수는 없습니다.

한편, 처분권은 법의 테두리에서 마음대로 처분할 권리를 의미합니다. 자가로 사용하다가 처분하거나, 혹은 임대로 주고 있다가 처분하거나, 그 제한이 없으므로 이 처분권은 사용권 및 수익권과 관계에서 배타적이 아니라 동시에 존재할 수 있습니다. 이 내용을 정리하면 소유권을 아래와 같이 풀어쓸 수 있습니다.

| 소유권 | = | 사용 및 수익권
(배타적 관계) | + | 처분권 |

권리의 가치를 추정하는 데 있어서 사용권을 적용하느냐, 수익권을 적용하느냐를 고민할 수 있는데요, 그런데 사용권과 수익권 중 어느 것을 적용하는지는 사실 중요한 것이 아닙니다. 소유주가 사용하나, 제삼자인 임대인이 사용하나 집을 사용하는 개념은 동일합니다. 또, 제삼자가 임대료를 내는 것이나, 사용자가 매매가를 치르고 사용하는 것이나 임대료를 '기간의 차이만 있는 상태로' 내고 있다는 점에서 둘은 동일합니다. 결국, 두 권리 중 하나만 제대로 측정할 수 있다면 문제가 없습니다. 그렇다면, 결론은 사용권 혹은 수익권 중 하나라도 추정할 수 있으면 되겠지요. 그런데 사용권과 수익권의 가치 추정은 어느 쪽이 더 쉬울까요?

사용권 가치는 부동산을 실제로 사용하고자 하는 사람의 입장에서 볼 때 부동산의 위치, 규모, 시설 등을 고려하여 추정됩니다. 워런 버핏의 정의처럼 특정 주택에 자가로 거주하는 것의 가치는 개인차가 심해서 측정하기 어려운데요. 예를 들어 저는 과거 여의도로 출퇴근을 했으니까 지하철 9호선 인근 지역인 서울 영등포구나 마포구에 대한 선호도가 높았습니다. 그런데 지금은 강남에 있는 사무실에 출퇴근하고 있으므로 서초와 강남을 더 선호하게 되었습니다. 대부분 직장과 가까운 곳에 살기를 선호하는데 직장을 다시 여의도로 옮긴다면 거주지 또한 가까운 곳으로 옮길 가능성이 큽니다. 그만큼 직장에 가까운 거주지에 가치를 크게 둔다는 의미입니다.

그런데 한 지인은 수원으로 통근통학을 하다 보니 9호선 인접 지역에 거주하는 것을 좋아하지 않습니다. 그에게 직장 인접 지역은 광교신도시나 수원 영통구 혹은 팔달구 등입니다. 아니면 동탄신도시가 더 낫습니다. 그에게 서울 마포구나 영등포구는 광교보다 매력이 떨어지는 지역일 것입니다.

같은 주택이라고 하더라도 자신이 처한 환경에 따라서 자가 사용의 가치는 달라집니다. 다른 예를 살펴보면, 강남 세곡동과 내곡동에 개발된 보금자리지구는 흔히 생각하는 도심 환경이 아니라, 청계산 자락에 거의 파묻혀 있는 지역들도 있습니다. 이들 지역의 입지가치는 자연환경 부문에서 매우 높은 점수를 줄 수 있어 도시 생활에 질린 사람들에게는 천국 같은 거주 만족도를 선물합니다. '캠핑보다

내 집이 더 좋다'라는 문구에 어울리는 이 단지들에 거주하는 사람들은 "대치동도 반포도 싫다. 여기가 더 좋다"라고 말하곤 합니다.

산으로 둘러싸인 서초포레스타 2단지

이처럼 자가 사용의 가치는 사람마다 그 편차가 확연히 다릅니다. 그래서 같은 주택이라 하더라도 누군가는 그 주택의 거주 만족도에 10억 원을 내겠다고도 할 수 있지만, 누군가는 5억 원도 아까울 수가 있습니다. 심지어 같은 단지에 사는 사람들조차 자기 단지에 대한 가치평가를 다르게 할 수 있습니다.

● 수익권을 통한 좀 더 손쉬운 가치평가

수익권은 주택을 제삼자 등에게 일정 기간 빌려주어서 수익을 올릴 수 있는 권리입니다. 중요한 것은 2가지입니다. 첫째는 임대차로 해당 주택에 거주하는 사람이든, 자가로 해당 주택에 거주하는 사람이든 둘 다 입지가치와 상품가치를 누리는 데는 차이가 없다는 것입니다. 즉, 단지 안에 있는 커뮤니티 시설은 자가 사용자들만 이용하는 것이 아니고, '입주민'이라면 누구나 이용할 수 있기에 자가든 임차든 소유 구조를 따지지 않습니다. 입지가치도 마찬가지입니다. 즉 부동산의 '자가 사용'과 '타인 임차'에 있어서 입지가치와 상품가치를 이용할 수 있는 구분은 임차 기간을 빼고는 없습니다.

둘째로, 임대차계약에서 임차료는 시장에서 형성된 가격을 따르게 됩니다. 시장에서 형성된 가격은 다양한 사람들이 서로 거래를 할 때 합의한 가격으로, 상대적으로 객관적이고 공정하게 측정됩니다. '시장에서 가격이 형성된다'는 개념을 정확하게 이해하는 것이 중요합니다. 시장가격이란 '임의의 제삼자끼리 반복적으로 거래하면서 서로 합의한 가격'을 의미합니다. 그리고 반복적으로 유사한 가격대가 형성될수록 '시장성이 높다'라고 표현하는데, 시장가격의 개념은 이렇게 반복성까지 포함합니다.

매매가격 역시 제삼자 간에 반복적으로 거래하면서 형성된 가격입니다. 매매가격과 임차료의 차이를 꼽으라면 앞서 이야기한 '기간의 차이'가 전부입니다. 다만 매매가격에는 미래의 입지와 상품 요인이 개선됨에 따라 임차료 상승을 예상하고 선제적으로 매수하는 '선제적 투자수요'가 반영될 수 있습니다. 예를 들면 5년 후 GTX가 준공될 역세권 예정지 아파트에 미리 투자할 수 있습니다. 그러나 임차료는 다릅니다. 미래에 GTX가 건설된다고 해서 당장 임차료가 오르지는 않습니다. 임차료는 GTX가 건설되어 실제 입지와 상품 요인의 개선이 나타난 이후 혹은 그 직전에나 오릅니다. 이처럼 임차료는 상당히 '현재적 상태'를 반영한다는 점에서 미래를 반영하는 매매가격과 차이가 있습니다. 전세(월세)는 '현재의 입지환경과 상품가치'를 반영하는 개념이지, '선반영하는 전세(월세)'란 없습니다. 입지가치와 상품가치가 좋아진다면 앞으로 전세가격이 달라질 수는 있겠지만 미래에 개선될 것을 전제로 현재의 전세가격에 미리 영향을 미치지는 않는다는 이야기입니다.

임차료는 현재의 입지가치와 상품가치를 일정 기간 사용하는 대가입니다. 따라서 매매가격보다 현재 부동산의 입지가치와 상품가치를 더 정확하게 반영하고 있지요. 전세에는 가수요가 없기 때문입니다. 이 점이 임차료를 통해서 주택의 '현재의 가치'를 측정하는 근거가 됩니다. 특히 재건축 아파트처럼 아파트 매매가격은 매우 높지만, 노후된 주택이어서 임차료는 반대로 매우 낮은 것을 떠올려보면 이해가 쉽습니다. 매매가격은 재건축 이후를 반영해서 높게 형성되었으나, 현재 주거 상태를 이용하는 임차료는 당장은 노후주택이므로 매우 낮은 것입니다. 이처럼 임차료는 '현재'를 반영하며, 매매가격은 '미래'를 반영합니다. 그 차이가 매우 중요합니다.

정리하면 소유권은 수익권 및 사용권+처분권입니다. 이를 수익권(사용권)+처분권이라 해도 무방합니다. 수익권은 임차료로 측정하면 된다는 것을 짐작하셨을 것입니다. 이제 월세와 전세 등을 통해서 매매가격을 추정하는 것은 수익권의 가치 추정 방법이 될 수 있음을 이해하셨을 것입니다. 그런데, '법이 정하는 한도에서 내 맘대로 처분할 수 있는 권리'인 처분권은 어떻게 추정해야 할까요?

처분권과
갭 가격의 관계

아파트의 적정가치를 도출하는 데 수익권과 처분권, 2가지만 분석하면 된다고 했는데요. 여기서 수익권은 수익을 올릴 수 있는 권리입니다. 수익의 규모는 임차료로 결정되므로 수익권의 가치는 임차료 수준과 연계되어 있습니다. 임차료에 변화가 생기면 자연스럽게 수익권의 가치도 달라집니다. 임차료가 변할 때 소유권, 즉 매매가격은 어떻게 달라질까요?

잠시 수원 광교신도시로 떠나보겠습니다. 이곳은 제2기 신도시이자 자급자족형 도시로 기획되었습니다. 제2의 판교라고 불리면서 2010년대 경기도에서 가장 높은 가격 상승률을 보였던 지역 중하나입니다. 도시 전체가 원천호수를 중심으로 통째로 새로 건설되면서 수원 전체의 중심지역으로 거듭났습니다.

신분당선을 타고 수원 방향으로 가면 광교중앙역이 나오고, 이 역을 끼고 있는 단지 중에 1,764세대의 광교 자연앤힐스테이트가 있습니다. 2012년에 준공되었고 용적률 209%, 건폐율[•] 14%로서 총 18개의 동으로 구성된 매우 거대한 단지입니다. 그래서 광교중흥S클래스 건설 전까지 광교의 대장 아파트 단지로 불렸습니다.

택지개발법으로 조성된 신도시에다 공공택지이다 보니 분양가상한제가 적용됐습니다. 2009년 분양하던 시점의 공급가액은 $84m^2$ 기준 평균 3억 8천만 원대였습니다.

중요한 점은 준공 시점 이후 전세가격의 변화입니다. 준공하고 새 아파트에 입주할 즈음의 전세가격은 평균 2억 1천만 원 정도였고, 매매가격은 평균 4억 3천만 원 정도였습니다.

편의상 소유권의 가치는 매매가격이고, 수익권의 가치는 현 아파트의 멸실까지의 기간(주택 수명)인 약 40년 치에 해당하는 월 임차료의 현재가치와 유사한 전세가격으로 대입해보겠습니다. 전세가격이 그대로 수익권이라는 것은 아니며, 개념 정리를 위한 개략적인 식의 전개입니다. 지금은 이 정도 선에서 논의를 진행해도 무방해 보입니다. 그리고 실제로, 전월세전환율로 월세 현금흐름을 할인하는 경우, 거의 40년의 현금흐름과 전세금액이 유사한 수준에

● 건폐율은 대지면적에서 건축면적이 차지하는 비율이다. 건축면적은 토지에서 건축이 들어설 곳의 면적을 말한다. 건폐율이 높다는 것은 대지 내에 건축물이 차지하는 면적이 크다는 뜻이므로 동 간 거리가 좁고 빽빽하다. 반대로 건폐율이 낮으면 동 간 거리가 넓어서 쾌적하다.

서 만납니다. 다만, 동일하지는 않은데요, 이해를 위해서 전세를 수
익권으로 치환한 것일 뿐입니다.

2012년 준공 시점을 기준으로 하여 이 아파트의 가격 구성을 권
리로 분해해보면, 아래와 같습니다. 각 권리에 '가치'를 부여하고
계산식으로 풀어서 보겠습니다.

소유가치(매매, 4억 3천만 원) = **수익가치**(편의상 전세가, 2억 1천만 원) + **처분가치**(2

억 2천만 원)

매매가격 = 소유권의 가치 = 4억 3천만 원

전세가격 = 수익권의 가치 = 2억 1천만 원

(매매가 - 전세가 = 갭 가격) = 소유권에서 수익권을 뺀 가치 = 2억 2천만 원

이를 권리로 도식화하면,

소유권 = 수익권 + 처분권

매매가 = 전세가 + 갭 가격

4억 3천만 원 = 2억 1천만 원 + 2억 2천만 원

'그런데 처분권이 갑자기 갭 가격이라고?'라며 의아해할 수 있습
니다. 보통 갭투자를 한다고 할 때 매매가와 전세가의 차이를 '갭'이

라고 부릅니다. 이 갭이 처분권이 된다는 건 무슨 말일까요? 도대체 이 갭에 무슨 가치가 있다는 걸까요?

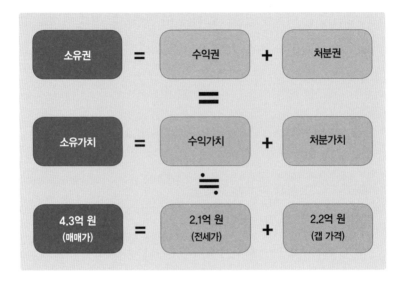

처분권에 담긴
놀라운 의미

가치평가를 하는 방법 중에 현금흐름할인모형Discounted CashFlow Model, DCF이 있습니다. 이름이 꽤 어렵게 들리지요? 하지만 개념은 그리 어렵지 않습니다. 특정 기업이 생애주기 동안 벌어들이는 현금흐름을 이자율로 할인하면(나누면) 된다는 개념입니다. 주로 기업을 분석할 때 많이 적용하지만 채권이나 상업용 부동산의 가치평가를 할 때도 매우 유용하게 사용할 수 있습니다.

주택은 매달 혹은 매년 월세 등 임차료 수익이 발생할 수 있는 자산입니다. 예를 들어 월 100만 원 수익을 1년으로 보면 1,200만 원의 현금흐름이 발생하는데, 이것이 약 40여 년간 꾸준히 발생한다고 칩시다. 그리고 할인율(요구수익률)은 5%라고 해보겠습니다. 이해를 돕기 위해 계산 편의상 월세 상승이 없는 상황을 가정해본다면, 계산식은 아래와 같이 나옵니다.

$$\boxed{\text{총현금흐름}} = 1,200 + \frac{1,200}{(1+5\%)} + \frac{1,200}{(1+5\%)^2} + \frac{1,200}{(1+5\%)^3} \cdots$$

1년 차의 금액은 1,200만 원이지만, 2년 차의 금액은 1,200만 원을 (1+5%)로 나눈 값이므로 1,143만 원의 현재가치를 지닙니다. 3년 차의 금액은 1,200만 원을 (1+5%)^2로 나누면 되고, 이는 1,088만 원이 됩니다. 만약 할인율을 고려하지 않고 1년에 1,200만 원씩 총 40년의 현금흐름을 갖는다고 한다면, 전체 산술액은 1,200만 원×40년=4억 8천만 원이 나옵니다. 그런데 이를 위와 같이 매년 5%의 할인율로 할인한다고 가정하면, 총현금흐름의 현재가치는 2억 1,600만 원이 됩니다.

● 현금흐름으로 현재가치를 따져본다

통상 현금흐름할인모형은 기업을 영원히 지속하는 존재로 가정하고 계산하곤 하는데, 여기서는 계산 방식이 다소 달라집니다. 소위 40년 수명이 아니라 무제한이라고 한다면, 전체 현금흐름의 현재가치의 계산식은 오히려 쉬워집니다.

수명이 무한하면서 현금흐름이 발생하는 자산의 적정가 계산은 고정적으로 발생하는 현금흐름을 이자율로 단순히 나눠주기만 하면 됩니다. 이 경우 아래와 같이 계산됩니다.

적정가치 = 매년 발생하는 현금흐름/이자율

따라서 1,200만 원/5%=2억 4천만 원이 나옵니다. 앞서 같은 조건에서 40년간 존속하는 경우의 현재가치가 2억 1,600만 원인 것에 반해, '무제한 수명'인데도 불구하고 사실 그 금액의 증가 폭은 겨우 2,400만 원으로 상당히 미미합니다. 즉 보유 기간 면에서 '40년 vs. 무제한'은 어마어마한 차이가 있지만, 적정가치 측면에서는 11%의 증가만 있을 뿐입니다. 이렇게 차이가 줄어드는 이유는, 미래의 현금흐름을 할인하면 할인할수록 현재가치가 작아지기 때문입니다. 시간이 지남에 따라 할인율로 인해 현재가치는 감소합니다. 예를 들어 100년 후의 100만 원을 5%로 할인한다면, 현재가치는 7,604원에 불과하고, 500년 후의 100만 원을 5%로 할인하면 현재가치는 무려 1원 정도로 작아집니다. 1원이라니! 1원을 아끼다 보면 500년 후에 100만 원이 될 수도 있다는 의미입니다.

그런데 이 식에서 분자인 월세가 매년 고정값일 리가 없겠지요. 실제 월세 등 임차료는 경제성장에 따라 오를 때가 많습니다. 그러니 앞서 현금흐름의 기본 계산식을 약간 수정해서 임대차의 기본 연한인 2년 계약당 5%를 인상하는 경우를 가정해보겠습니다. 이런 경우엔 어떻게 될까요? 그리고 편의상 분모에 들어가는 할인율은 5%로 동일하다고 가정하겠습니다.

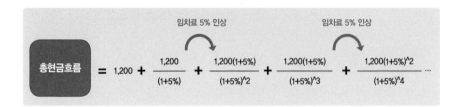

이를 계산하면 총 40여 년간 현금흐름의 현재가치는 3억 657만 원이 됩니다. 앞서 월세의 상승이 없을 때와 비교하면 확실히 현재 가치가 증가한 것을 알 수 있습니다. 이처럼 분자인 현금흐름의 증가율 역시 현재가치에 영향을 미친다는 것을 곧바로 확인할 수 있습니다. 만약 이 조건대로 40년의 현금흐름이 아니라, 무한한 기간을 전제로 한 현금흐름을 계산하면 총현금흐름이 4억 9,304만 원이 됩니다. 이제 꽤 차이가 납니다.

이처럼 현금흐름할인모형을 사용할 때, 현재가치에 영향을 미치는 중요한 요소가 바로 '보유 기간'과 임차료의 '증가율'입니다. 이 중 보유 기간부터 살펴보겠습니다. 위 계산에서도 40년을 보유할지, 무제한 보유할지에 따라 그 값이 달라진다는 것을 이미 확인했습니다. 그렇다면 주택의 경우 보유 기간을 얼마로 잡아야 적절할까요?

2020년에 싱가포르에서 온 한 지인을 만났습니다. 그에게 싱가포르의 주택시장에 관한 설명을 자세히 들을 수 있었습니다. 싱가포르는 인구 약 600만 명 수준의 도시국가입니다. 자가보유율이 90% 수준에 이를 만큼 높고, 자국민 80%가 매우 저렴한 공공주택에 거주하고 있다고 했습니다. 들으면서도 놀라웠습니다. 어떻게 이것이 가능할지 궁금했습니다. 그 이유는 리콴유 초대 총리가 집권한 다음 해인 1960년에 주택개발청Housing & Development Board을 설립하고 토지수용법을 제정해 토지를 국유화하는 정책을 추진했기 때문이었습니다. 국유화한 토지 위에 주택을 건설해 공급했고, 그 주택에 대해서는 민간이 구입할 수 있는 장기 모기지를 제공하니, 싱가포르의 자가율이 90%가 넘을 수 있었던 것입니다.

이런 싱가포르의 주택 정책을 사용권, 수익권, 처분권으로 나눠보면 '토지임대부 주택' 형식이라고 할 수 있습니다. 다만 그 임대 기간이 99년이라는 장기일 뿐입니다. 그래서 싱가포르에서는 엄격하게 말해 토지임대부긴 하지만 임대 기간이 매우 길어서 많은 사람들이 사실상 '사유재산'처럼 인식한다고 지인은 말했습니다. 그의 말대로 99년이면 충분히 긴 시간이긴 한데 그렇다고 '영원한' 기간이라고 할 수는 없습니다.

한국은 어떨까요? 2011년 MB 시절 공급한 서초포레스타, 강남 LH브리즈힐과 같은 단지 역시 '토지임대부' 조건이며, 이 토지임대부 주택의 사용 연한은 80년(40년+40년)입니다. 앞서 40년의 기간에 대한 근거는 다소 약합니다만, 40년을 주택 수명으로 보아왔기에 이런 기간을 설정한 것입니다. 이 토지임대부 주택에서 거주할 수 있는 기간은 그래서 80년입니다. 싱가포르의 99년보다는 조금 부족하지만 재건축 기간을 포함하고 있으니 실질적으론 비슷합니다. 그렇다면 주택에서 80~99년이라는 기간이 사실상 '매우 장기간'이라는 점을 양국 정부가 인정한다는 것을 알 수 있습니다.

그러나 우리나라 주요 거대 도시 안에 있는 주택은 100년 후에도 존재할 가능성이 큽니다. 어쩌면 우리나라가 존재하는 한 사실상 주택은 계속 생애주기를 반복해가면서 무한한 수명으로 존재할 것입니다. 그런데 우리는 이렇게 무한한 소유, 즉 무한한 기간의 수익 가치 추구가 가능하다고 어떻게 보장받을 수 있을까요?

● 처분권은 현재뿐만 아니라 미래의 수익도 포함

앞서 주택의 소유권은 수익권과 처분권의 합이라고 했습니다. 이제 처분권에 관해 다음과 같이 질문을 바꿔서 던져보겠습니다.

"법이 보장하는 한 언제든지 처분할 수 있는 권리가 처분권이라면, 반대로 법이 보장하는 선에서 부동산을 영원히 처분하지 '않아도 되는 것' 아닌가요?"

처분하든 말든 내 마음이라면, 극단적으로 내일 처분할 수도 있고, 영원히 처분하지 않을 수도 있습니다. 저는 후자인 '영원히 처분하지 않을 권리'라는 부분을 생각하는 순간 망치로 머리를 한 대 얻어맞은 것 같았습니다.

주택을 처분하지 않으면 어떤 일이 발생할까요? 그 토지를 활용해서 영원한 수익을 올릴 수 있게 됩니다. 그 토지에 건축물을 건설하면 입지가치+상품가치를 활용해서 더 높은 임대료로 더 높은 수익을 생애주기 기간에 얻을 수 있습니다. 만약 그 건축물이 노후화해서 멸실된다면, 다시 건축물을 지어서 또다시 입지가치+상품가치를 활용해 더 높아진 임대료로 임대소득을 얻을 수 있습니다. 싱가포르나 서초포레5단지처럼 80년 혹은 99년을 사용하는 것이 아니라 '무한한 기간, 법이 인정하는 선에서' 소유할 수 있고, 무한한 수익을 추구할 수 있는 것입니다.

여기서 우리는 알 수 있습니다. 처분권이란 현재의 임대수익뿐만 아니라, 미래의 임대수익(혹은 자가 사용)인 수익권을 무제한의 기간 동안 사용할 수 있도록 보장해주는 권리라는 것을요. 즉, 수익권을 '일정 기간인 40년이나 40년+40년의 기간'이 아니라 '(경제적으로 가능하다면 사실상) 무한한 기간'으로 보장해주는 권리입니다. 따라서 처분권이 존재하면 수익권을 무한히 반복해서 수입을 얻을 수 있게 됩니다. 이것이 처분권의 가치입니다.

그렇다면 수익권도 다시 정리해보면 어떨까요? 미래의 수익권은 무조건적으로 오는 것이 아닙니다. 따라서, 현재 지어진 주택의 생애주기 소멸 기간까지의 임차료 수익을 수익권이라고 제한해보겠습니다. 자연스럽게 처분권이란 현재의 건축물이 생애주기가 다 된 이후, 즉 2기 이후 건축물의 수익가치, 3기 이후 건축물의 수익가치 등을 무한히 더한 권리입니다. 즉, 수익권은 현재 주택의 수익을 올릴 권리, 처분권은 '미래 주택의 수익권의 현재가치'가 됩니다.

위에서 이야기한 내용을 간단히 매매가격까지 포함하여 정리하면 다음과 같습니다.

- **월세**: 부동산(입지가치+상품가치)을 1개월 사용하는 비용
- **연세**: 부동산(입지가치+상품가치)을 1년 사용하는 비용
- **전세**: 부동산(입지가치+상품가치)을 20년간 사용하는 비용의 산술합, 실제로는 현금흐름할인을 적용하면서 약 40여 년과 유사, 현존 주택의 생애주기 전체의 임차료와 유사한 비용
- **매매**: 부동산(입지가치+상품가치)을 '무제한' 사용하는 비용

매매는 토지를 무제한 사용하면서 건축물의 수명이 다하면 새로 지어서 다시 사용하는 것을 반복할 수 있는 비용입니다. 현재의 주택뿐 아니라, 현 주택의 멸실 후 새로 지어지는 주택에 대해서도 지속해서 수익가치를 추구할 수 있습니다. 즉 현재와 미래를 통틀어

전 기간 사용할 수 있는 비용(임대료 또는 임대수익)입니다.

따라서 매매가격과 전세가격의 차이인 갭 가격은, 미래의 건축물에서 발생할 현금흐름의 현재가치를 반영하고 있다는 것을 알아야 합니다. 중요한 점은 갭 가격이 정확한지가 아니라 그것을 보는 기준을 달리하여 해석해야 한다는 것입니다. 앞으로 '갭 가격이 크다 혹은 작다'를 판단하거나 비교하려면 현존하는 건축물이 아닌, 미래에 건설될 주택에서 발생할 현금흐름을 고려해야 한다는 것이죠.

갭 가격이 작다는 것은 어떤 의미일까요? 시장은 미래 임차료의 현재가치가 낮다고 보는 것입니다. 이것은 다른 의미로 해당 주택이 '미래'로 가지 못한다고 보는 것일 수도 있습니다. 즉, 재건축 등을 하기 어려운 환경이라고 판단할 수 있다는 얘기죠.

반대로 갭 가격이 크다는 것은 어떤 의미일까요? 시장은 미래 임차료의 현재가치를 높은 확률로 보고 있다는 것입니다. 즉, 해당 아파트는 재건축 등이 된다는 점을 전제하는 것입니다. 이는 반대로, 해당 아파트가 양질의 자산임을 의미합니다.

그렇다면, 우리는 갭 가격이 큰 아파트, 갭 가격이 작은 아파트 중 어느 아파트를 선택해야 할까요? 이 부분이 이 책의 주제가 될 수도 있으므로 5부에서 자세히 살펴보겠습니다.

아파트의 적정가격을 알아보는 소름공식의 도출 과정을 설명합니다.

매매가격이 전세의 2.1배보다 더 높다면 왜 비싼 가격인지

그 이유를 알려줍니다.

5부

---◆---

아파트의 적정가격,
소름공식

아파트의 적정가
소름공식을 찾아서

주택을 소유하면서 발생하는 현금흐름은 소유하는 동안에 얻는 수익가치와 주택을 팔아서 얻을 수 있는 처분가치의 총합입니다. 또한 주택을 소유하는 동안에는 반복해서 이익을 얻을 수 있습니다.

앞서 수익권을 계산할 때 봤듯이 현 생애주기의 총현금흐름을 계산해서 할인하거나(정식 DCF 방식) 혹은 현 건축물의 전세가격을 활용하면 실용적입니다. 그렇다면 2기 이후 주택의 수익권 가치는 어떻게 계산하는 것이 좋을까요?

사실 답은 이미 나와 있습니다. 2기 및 그 이후에 계속 지어질 미래 주택의 예상 생애주기 동안의 현금흐름을 모두 할인해서 더하면 됩니다. 애초에 현금흐름할인 방식이라는 것이 '무제한의 기간'을 가정하고 만들어질 수 있기 때문에 주택도 무제한의 수명을 고려해서 현금흐름 모델을 만들면 됩니다.

다만, 실제로 주택의 수명이 무제한일 수는 없으므로 일정 기간마다 주택이 노후화되고 새로 지어져야 하는 '재건축' 기간을 고려하여 현금흐름 모델을 만들면 됩니다. 이렇게 현금흐름 모델을 만들면, 현재의 임차료는 오늘의 임차료를 쓰면 되지만, 재건축 후 새로 지어질 미래의 임차료를 얼마로 설정해야 할지 고민해야 합니다.

● 아파트가 계속 지어진다고 가정할 때

우선 미래가 현재와 비슷한 수준의 상황이라고 가정해봅시다. 이 말은 '현 수준의 건축물이 지속해서 이어지는 경우'를 뜻합니다. 부동산 가치는 입지가치와 상품가치의 합으로 결정됩니다. 입지가치가 유지되는 상황에서 상품가치가 반복해서 비슷한 수준으로 지어진다고 가정해보는 겁니다. 아마도 최근 준공된 신축 아파트들이 여기에 해당할 텐데요. 일반적으로 건설 후 10~15년 동안을 '신축 아파트'라고 부르고, 15년이 넘어가면 '준신축'이 됩니다. 건설 후 15년 정도 지난 아파트들은 그 수준의 아파트 건물이 계속해서 지어진다고 생각하는 것이 적절합니다.

그렇다면 비슷한 수준의 주택이 같은 토지 위에 계속 지어진다면, 총 주택의 가치는 현재 수준의 임대료가 유지되는 현금흐름을 보유할 것입니다. 그러면 아래와 같은 그림이 나옵니다.

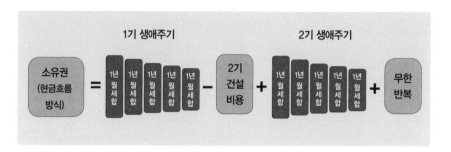

즉, 1기 생애주기 동안 매년 발생하는 현금흐름에 2기 생애주기 건축물의 매년 발생하는 현금흐름이 계속 더해집니다.

그런데 이 식의 중간에 뭔가 이상한 비용이 보이는데 혹시 찾으셨나요? 바로 1기 건축물에서 2기 건축물로 넘어가기 위해 2기 건축물을 건설하는 데 들어가는 비용입니다. 2기 건축물을 짓는 데 비용은 필수적입니다. 이때 2기 건축물의 공사는 재건축일 수도 있고, 리모델링●일 수도 있습니다. 단독주택이 아파트로 변신하는 재개발일 수도 있지요. 중요한 것은, 이런 생애주기적 현금흐름의 관점에서 한 생애주기가 끝나고 다른 생애주기가 시작할 때 그 시작 지점에서 총 건설비용이 필요하다는 것이 특징입니다.

● 아파트 리모델링 사업이란 기존 골조와 내력벽을 활용하여 아파트를 신축급으로 바꾸는 것을 말한다. 15년 이상 된 공동주택과 아파트부터 검토할 수 있다. 재건축이 30년 이상 된 노후화된 아파트를 완전히 부수고 새로 신축 아파트를 짓는 사업이라면 리모델링은 기존 골조와 내력벽을 활용하기 때문에 기존 아파트의 단지 배치는 그대로 유지된다.

이는 기업과 다소 다른 부분입니다. 기업은 매년 경상 영업활동을 반복하면서 설비투자를 합니다. 기업은 애초에 그 실체가 없습니다. 기업이 보유한 설비나 시설 등은 있지만, 기업 그 자체는 무형이죠. 그래서 수익을 내는 상태라면 '무한한 수명'을 전제하는 것이 당연합니다. 그러나 수익을 내기 위해서는 적절한 투자가 필요합니다. 그래서 기업을 가치평가할 때는 '매년' 약간의 투자를 하는 것으로 보는 것입니다. 설비투자는 물리적 설비투자도 있지만, 인력 채용과 같은 비물리적 투자도 있습니다. 투자를 통해 기업은 계속해서 매출과 이익을 높일 수 있으며, 이를 바탕으로 '영원히 존재하는' 영속성장모형을 그리며 성장하는 것을 목표로 합니다.

반면, 부동산 중 주택은 투자 개념이 다소 다릅니다. 매년 투자하지 않다가 생애주기가 종료하고 새로 건설될 때 한 번에 몰아서 합니다. 그리고 이때 대대적으로 상품가치에 변화가 찾아옵니다. 상품가치의 일대 변화는 오직 재건축/재개발/리모델링과 같은 형태로 나타납니다. 그러나 큰 틀에서 기업처럼 '투자'가 있어야 '소득'이 증가한다는 점에서는 같습니다. 기업은 매년 서서히, 주택은 40년에 한 번씩 이를 실행한다는 것이 다를 뿐입니다.

2기 건축물에서 3기로 넘어갈 때도 같을까요? 그렇습니다. 2기에서 3기 건축물로 넘어갈 때도 1기에서 2기로 넘어갈 때와 같은 구조입니다. 이때 각 생애주기의 현금유입Cash in에서 현재가치를

PV_{Present Value} 1기이면 1, 2기이면 2, 3기이면 3이라고 할 때, 생애주기 동안 총현금유입은 아래와 같습니다.

Total PV = PV1 + PV2 + PV3 + PV4 + …… (무한)

생애주기가 종료된 후 새로운 건물을 건설할 때 들어가는 비용을 표기할 때, 이를 'Cost'라고 합니다. 각 생애주기를 1, 2, 3으로 한다면 총비용은 어떻게 될까요?

Total Cost = Cost1 + Cost2 + Cost3 + …… (무한)

이를 다 합치면 다음과 같은 무한수열 형식이 완성됩니다.

아파트 내재가치(소유권의 가치) = PV1 − Cost1 + PV2 − Cost2 + PV3 − Cost3 + PV4…… (무한)

| 소유권 (현금흐름) | = | PV1 *현 주택의 현금유입(월세) | − | 2기 건설 비용 현가 (Cost1) | + | PV2 *2기 주택의 현금유입 | − | 3기 건설 비용 현가 (Cost2) | + | PV3 *3기 주택의 현금유입 |

총현금유입에 해당하는 Total PV를 계산하는 적절한 방법이 있습니다. 실제 다양한 조건의 사례를 넣어보면 됩니다. 월세증가율을 매년 2.5%, 3%, 3.5% 또는 1.5% 이렇게 전환도 해보고, 할인율도 3.5%, 3.8% 혹은 지역별 전월세전환율을 넣어서 할인도 해보는 등등 다양한 방법으로 시도해볼 수 있습니다. 생애주기도 40년, 45년, 50년, 38년 등 마음대로 넣어볼 수 있습니다.

그런데 이런 식으로 조건을 바꿔가면서 적용할 때 문제가 있습니다. 다양한 조건을 넣어서 만들어볼수록 다시 원론적인 현금흐름할인 방식의 문제점인 100인 100색의 답이 나온다는 것입니다. 어렵지만 하나하나 단순화해가면서 풀어보겠습니다.

• 총현금흐름은 현재 전세가격의 일정 배율이다

앞서 현금흐름을 계산하는 정석은 매년 발생하는 현금흐름을 전제로 해서 이를 할인하는 방식이지만, 분자와 분모가 변동하므로 실제 사용에서 상당히 변동 폭이 컸습니다. 그러나 의외로 여기에도 규칙을 적용해서 계산한다면 보다 범위를 좁혀서 추정할 수 있습니다.

일반적인 상황을 가정해보면, 보통 임대료는 2년 주기로 재계약을 하면서 상승합니다. 이를 '월세증가율'이라고 부릅니다. 또, 전월세전환율이 곧 임대인의 요구수익률이라고 했으므로 할인율은 전월세전환율을 사용하는 것이 합리적입니다. 이 부분이 중요한데, '요구수익률'을 '할인율'로 사용하는 것입니다. 물론 이 할인율 역시 현시점에서 3.5%에서 6.0% 이상까지 존재합니다.

편의상 2년 단위 월세증가율을 가로축에 넣고, 전월세전환율을 세로축에 넣어서 현금흐름을 계산하면 어떻게 될까요? 앞에서 월세 100만 원의 총현금유입이 4억 원대까지 나온 것처럼 상당히 큰 숫자가 나올 것입니다. 그런데 우리는 현재의 월세를 전월세전환율을 통해서 전세로 바꿀 수 있습니다. 가령, 월 100만 원 월세, 즉 연간 1,200만 원의 임대수익이 발생하는 주택을 전세로 전환할 때 전월세전환율이 4%라면 3억 원이 됩니다(1,200만 원/4%=3억 원). 같은 월세 조건인데, 전월세전환율이 5%라면 이때의 전세는 2억 4천만 원이 됩니다(1,200만 원/5%=2억 4천만 원). 이처럼 같은 현금흐름이라 하더라도 전월세전환율에 따라 전세금이 달라집니다.

이제 앞서 월세로부터 월세증가율과 할인율을 통해 도출한 현금흐름의 총액을(현금유입 총액), 전월세전환율로 환산한 전세가액(환산 전세가액)으로 나누면 어떻게 될지 계산해보면 다음과 같은 표가 만들어집니다.

아래 표는, 현금유입 총액/환산 전세가액의 값입니다.

구분		전월세전환율(요구수익률)										
		2.0%	2.5%	3.0%	3.5%	4.0%	4.5%	5.0%	5.5%	6.0%	6.5%	7.0%
월세 증가율 (2년 기준)	2.0%	2.01	1.70	1.54	1.44	1.38	1.34	1.30	1.28	1.26	1.25	1.24
	2.5%	2.63	2.03	1.75	1.60	1.50	1.44	1.39	1.35	1.33	1.31	1.29
	3.0%	3.67	2.51	2.04	1.79	1.65	1.55	1.49	1.44	1.40	1.37	1.35
	3.5%	5.62	3.27	2.43	2.04	1.82	1.69	1.60	1.53	1.48	1.44	1.41
	4.0%	9.59	4.55	3.00	2.37	2.05	1.85	1.72	1.63	1.57	1.52	1.48
	4.5%	18.38	6.92	3.89	2.82	2.33	2.05	1.87	1.75	1.67	1.60	1.55
	5.0%	39.25	11.70	5.39	3.48	2.70	2.30	2.05	1.90	1.78	1.70	1.63
	5.5%	91.50	22.17	8.14	4.50	3.21	2.61	2.27	2.06	1.91	1.81	1.73
	6.0%	227.79	46.73	13.63	6.20	3.94	3.02	2.54	2.25	2.06	1.93	1.83
	6.5%	593.97	107.51	25.52	9.28	5.08	3.58	2.89	2.49	2.24	2.07	1.94
	7.0%	1,599.23	264.16	53.06	15.37	6.95	4.39	3.33	2.78	2.45	2.23	2.07

위 표의 숫자는 무슨 의미가 있을까요? 이는 각 조건(분자인 월세증
가율과 분모인 전월세전환율의 조합)일 때 현금흐름의 총합이 해당 전
월세전환율로 도출된 각 전세가격(환산 전세가액)의 몇 배인지를 의
미합니다. 예를 들어 월세증가율 5%, 전환율 5%(5%-5%)라고 했을
때 위 표를 보면, 분자 5.0%, 분모 5.0%일 때 2.05라는 수치가 나옵
니다. 이것은 무엇을 의미할까요?

가령, 월세 100만 원, 연세 1,200만 원일 때 전월세전환율이 5%
이면 환산 전세가액은 2억 4천만 원(1,200만 원/5%)입니다. 그런데
월 현금흐름 100만 원이 2년 주기로 5%씩 증가하는 조건이라면
전체 생애주기에 해당하는 주택의 현금유입의 총합은, 전세 2억 4

천만 원(100만 원을 5%로 전환한 값)의 2.05배인 4억 9,200만 원이라는 것입니다.

이제 '월세'로 시작하는 현금흐름을 복잡하게 계산할 필요 없이 매우 간단하게 암산할 수 있을 정도로 쉬워졌습니다.

같은 방식으로 월세증가율 4%, 전월세전환율 4%일 때(4%-4% 설정)의 총현금흐름은 4% 전환율일 때 전세가액의 2.05배가 됩니다.

이 의미는 같은 100만 원 월세의 경우, 4%로 전환하면 전세는 1,200만 원/4%를 한 3억 원이고, 현금유입의 총합은 그 2.05배인 6억 1,500만 원이 된다는 것입니다.

표를 보면 월세증가율과 전월세전환율이 같을 때는 건축물의 생애주기 전체의 총현금유입이 의외로 현재 전세의 2.01~2.07배, 사실상 약 2.1배로 비교적 비슷한 수준에서 지속적으로 이루어지는 것도 확인할 수 있습니다. 표에서 분홍색으로 표시된 부분을 보면 같은 조건에서 같은 수준의 현금흐름이 발생한다는 사실을 알 수 있습니다. 한번 검증해볼까요?

현재 전세가격이 3억 6천만 원이고, 전월세전환율이 5%인 단지가 있습니다. 임대료는 2년 주기로 5%씩 상승한다고 했을 때, 이 단지의 월세는 150만 원이 될 것입니다(3억 6천만 원×5%=1,800만 원, 1,800만 원/12개월=150만 원/월). 이 아파트가 가진 무한한 수명을 고려했을 때 총현금유입은 얼마일까요?

엑셀을 사용하여 현금흐름표를 만드는 것이 이를 계산하는 가장 쉽고 정확한 방법입니다. 결과는 약 7억 4천만 원이 나옵니다.

두 번째 방법은 무한등비수열의 공식을 사용하는 것입니다. 완전히 일치하는 조건은 아니지만, 2년 5% 증가는 1년 2.5%라 할 수 있으므로, 연 1,800만 원×(1+0.025)/(0.05 - 0.025)를 써서 계산할 수 있습니다. 계산한 결과 7억 3,800만 원이 나오지만 이를 암산하기가 쉽지 않습니다.

세 번째 방법은 170쪽 표를 응용하는 것인데, 현 전세인 3억 6천만 원의 2.05배를 곱하면 됩니다. 그럼 7억 3,800만 원이 나옵니다. 이 역시 원래 계산식의 결과와 매우 비슷한 값입니다. 생애주기 전체의 현금흐름을 계산할 때도, 현재의 전세가격을 바탕으로 쉽게 도출할 수 있다는 점에서 매우 유용한 방식입니다.

우리가 주목할 점은 170쪽 표가 맞는지 여부 그 이상입니다. 즉, 이 표에서 '2년 주기 월세상승율'과 '할인율'이 동일한 경우, 총현금유입의 값은 환산 전세가액의 2.05배 수준에서 '거의 동일하게' 유지되는 점을 확인하는 것입니다. 이는 '장기간에 걸쳐서 성장률과 할인율이 비슷하게 유지되는 경우', 사실상 주택의 생애주기 전체의 총현금유입의 규모는 결국 환산 전세가액의 2.1배 수준으로 같다는 것을 보여주기 때문입니다.

가령, 전세 3억 원의 주택이고 '할인율과 성장률이 비슷한 수준'이라면 이 주택을 평생 보유한다고 했을 때 그 2.1배인 6억 3천만 원의 현재가치에 해당하는 현금유입을 소유자에게 안겨줄 것입니다. 또 전세가격이 6억 원이라면 약 2.1배인 12억 6천만 원의 현재가치를 안겨준다는 얘기가 됩니다. 그렇다면 여기서, 만약 주택의 전세가 3억 원인 경우, 이 주택을 평생 소유함으로써 벌어들일 현금유입의 현재가치가 6억 3천만 원일 때, 이 주택을 6억 3천만 원 이상으로 매입해야 할 이유가 있을까요?

또, 월세에서 환산한 전세 6억 원인 아파트의 총현금유입의 현재가치가 12억 6천만 원인 경우, 이 아파트를 12억 6천만 원 이상에 매수해야 할 이유가 있을까요?

이 때문에 '전세의 2.1배'라는 기준은, 이것보다 더 높은 매매가격이 유지되고 있다면, 그것은 상당히 비싼 가격일 수 있음을 보여주는 값이기도 합니다.

물론 모든 지역, 모든 환경에서 총현금유입의 현재가치가 환산 전세가액의 2.1배여야만 하는 것은 아닙니다. 표에서처럼, 월세증가율이 생애주기 전체 기간 동안 더 높거나, 혹은 할인율이 생애주기 전체 기간 동안 더 낮게 유지될 수 있는 환경이라면, 그 배수는 2.1배가 아니라 2.3배일 수도 있고, 반대로 1.8배일 수도 있습니다.

　직관적으로 이 값은 현금흐름을 기반으로 가치평가를 할 때, 환산 전세액 대비해서 평가할 수 있어 상당히 유용한 도구라 할 수 있습니다. 앞으로도 자주 이 표를 접하게 될 겁니다. 그렇다면 이걸로 끝일까요?

● 현금흐름에 근거한 주택의 적정가 산정 방식

　현금흐름에 근거를 둔 주택의 적정가 산정 방식을 앞서 살펴본 표를 활용해 정리해보겠습니다. 아래 그림처럼 간략히 요약할 수 있습니다.

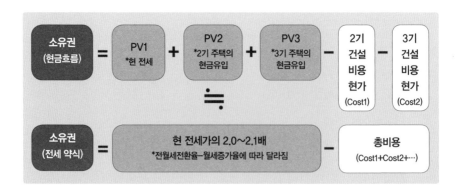

그리고 여기서 전세를 활용하면 계산식이 엄청나게 간단해지는 것을 알 수 있습니다. 그런데 여기서 2.01~2.07배, 약 2.1배는 고정 값일까요? 꼭 그렇지는 않습니다. 170쪽 표에서 이미 월세증가율과 요구수익률의 변화에 따라 현금흐름의 폭이 매우 크게 변할 수 있다는 점을 보여주고 있습니다.

만약 2022년처럼 금리가 갑작스럽게 상승하는 시기에는 금리 상승으로 투자자의 요구수익률이 높아질 것입니다(요구수익률을 무위험수익률＋리스크프리미엄으로 잡았을 경우). 예를 들어 월세증가율 4%와 할인율 4%(기준금리 2%+리스크프리미엄 2%)인 시장에서 갑자기 할인율이 6%(기준금리 4%+리스크프리미엄 2%)가 되는 것입니다(금리가 상승하면 할인율이 상승합니다).

그렇다면 이 표에서 총현금흐름이 4%-4% 조합에서 4%-6% 조합으로 변하므로, 그 규모가 2.1배에서 1.67배로 감소합니다. 현금흐름이 감소하니 주택가격이 왜 하락했는지 곧바로 설명됩니다.

한편, 이 표는 또한 2020~2022년에 금리 변화로 매매가격이 급등했다가 급락한 시장을 설명하기에도 적절합니다. 가령 4%-4% 조합에서 4%-3% 조합으로 변경된 경우, 총현금유입의 합은 환산전세액의 2.1배에서 3.0배로 크게 치솟습니다. 이것은 매매가격이 상승한다는 것과 같은 의미입니다.

그런데 금리가 변하면 항상 주택가격이 변동할까요?

100년 이상의 긴 기간에 걸쳐서 6%와 같은 높은 수준의 할인율이 지속되려면(즉, 높은 금리 수준이 유지되려면), 월세증가율이 반대로 계속해서 4% 수준으로 낮게 유지될 가능성은 작습니다. 높은 금리는 높은 성장률에서만 가능하기 때문입니다. 따라서 장기적으로 임대료는 다시 6% 수준으로 상승할 가능성이 큽니다. 물가, 금리, 요구수익률 등은 결국 비슷하게 변동하기 때문입니다. 같은 식으로, 4%에서 잠시 3%로 요구수익률이 내려갔다면, 월세증가율도 3%로 내려갈 가능성이 큽니다. 결국 '평균 회귀'의 개념을 적용해야 합니다.

즉, 짧은 기간 동안에는 현금흐름 감소로 인해 주택가격이 하락할 수 있지만, 중장기적으로는 다시 월세증가율이 높아질 수 있습니다. 그러면 주택가격도 다시 현재의 2.1배 수준의 현금흐름을 창출할 수 있는 자산으로 인식될 수 있어, 제자리를 찾아갈 가능성이 큽니다. 이러한 회귀성이 주택가격이 임대료에 기반해서 내재가치를 갖는 이유 중 하나입니다.

그러면 모든 주택의 현금유입의 총합이 환산 전세액의 2.1배여야 할까요? 그렇지는 않겠죠. 임대료에 기반해서 내재가치를 갖는 주택가격이 어떻게 변동하는지에 대해서 더 자세히 알아보겠습니다.

월세증가율이 4%와 6%처럼 큰 차이는 아니더라도 성장률이 높은 도시나 지역에서는 월세증가율이 다른 지역보다 더 높을 가능성이 있습니다. 그렇게 되면 수요가 늘어나면서 임대료도 올라가고, 그에 따라 주택가격도 상승할 수 있습니다.

또한, 입지가 유난히 좋은 지역의 아파트는 수요가 더 많아서 주택가격이 상승할 가능성이 큽니다. 이런 경우에는 월세증가율을 더 높게 설정할 수도 있습니다. 혹은 지금은 아니더라도, 특정 교통 요인의 개선으로 입지환경이 종전 대비 구조적으로 매우 장기간에 걸쳐서 개선될 여지가 있다면 현재의 평균 상태를 깨고 월세증가율의 구조적 변화가 나타날 수도 있습니다.

한편, 월세증가율이 같더라도 요구수익률이 구조적으로 50bp•만 낮아져도 총현금흐름은 전세의 2.05배에서 2.33배로 늘어납니다. 같은 한국인데 어느 지역은 할인율이 낮고, 어느 지역은 높을까요? 이것이 가능할까요? 정답은 부동산이기 때문에 가능합니다. 일자리를 대거 포함한 대도시권역으로 갈수록 해당 도시권역은 일자리가 없어서 인구 유출 등이 발생하는 소도시와 비교했을 때 오랜 기간 존속할 수 있습니다. 이런 경우에는 대도시보다 소도시가 위험하다고 평가할 수 있어서, 대도시로 갈수록 요구수익률이 낮고 (안전자산이라는 의미), 소도시로 갈수록 요구수익률이 높은(위험자산

• bp는 'basis point'로, 이자율을 계산할 때 사용하는 최소 단위다. 1%는 100bp이고 1bp는 0.01%다. 예컨대 액면 이자율이 10%인 채권이 가격 하락으로 실질수익률이 10.5%가 됐을 경우 액면 이자율보다 50bp 높아졌다고 말한다.

이라는 의미) 현상이 나타납니다. 이러한 원리로 인해 성장률이 높은 도시에서는 주택가격이 높아지는 경향이 있습니다. 이는 알짜 자산에는 낮은 할인율이 적용되고, 성장률이 높은 산업일수록 프리미엄을 받는 현실적인 이유입니다.

종종 안전자산의 요구수익률이 낮다고 하면 선뜻 이해하지 못하는 경우가 있는데, 은행에서 돈을 빌리는 것과 캐피털에서 빌리는 것의 금리 차이를 생각해보면 됩니다. 은행은 차주의 신용이 안전할수록 금리를 낮춰줍니다. 안전할수록 대출금리를 낮춰주고, 위험할수록 높은 대출금리를 요구합니다. 같은 원리로 안전할수록 요구수익률이 낮고, 위험할수록 높은 것입니다.

이처럼 앞에 나온 월세증가율·전월세전환율(할인율) 표는 분자와 분모의 변화에 따라서 주택의 가치가 얼마든지 달라질 수 있다는 것을 보여줍니다. 2022년 말 임대료는 상승하지 않으면서 기준금리 인상과 함께 투자자들의 요구수익률이 높아지다 보니 현금흐름이 2배를 밑도는 수준에서 이루어질 가능성이 컸습니다. 이를 반영해서 주택가격이 하락세를 나타낸 것이라고 해석할 수 있습니다. 다만, 이런 추세가 수십 년씩 이어지지는 않습니다. 언젠가는 다시 기준금리가 내려오거나, 혹은 전월세증가율이 높아질 수 있는 경제환경이 돌아오면서 월세증가율과 전월세전환율이 다시 비슷해지는 상황이 펼쳐질 것입니다. 즉 전세의 2.1배 수준의 현금흐름을 보이는 구간으로 회귀할 가능성을 열어두어야 합니다.

그래서 장기적으로 보면 오히려 월세증가율과 전월세전환율이 유사한 수준에서 결정되므로, 전체 생애주기 동안의 현금흐름 총합을 현재 전세가격의 약 2.0~2.1배 수준으로 설정해도 무방합니다.

170쪽 표는 일반적인 상황을 가정한 것이어서 극단적 경우는 배제해야 합니다. 예를 들어 상승률 7%, 할인율 2%의 구간을 한번 볼까요. 이는 현 전세의 약 1,600배에 해당합니다. 전세가격이 3억 원이면 미래 현금흐름의 총합이 4,800억 원이 나오는데, 강남의 빌딩도 아니고 이것은 사실 말이 안 되는 계산입니다. 이건 그냥 '숫자의 연산'이지, 실질과는 상당히 거리가 멉니다. 그래서 일반적으로 전월세전환율과 월세증가율은 선형관계로 보는 것이 적절합니다. 할인율만 낮아지거나 혹은 월세증가율만 높아지는 환경이란 현실에서 존재하기 어렵습니다. 물론 '어렵다'가 '불가능하다'는 의미는 아닙니다. 그러나 월세증가율과 금리 그리고 요구수익률은 서로 비슷한 수준에서 형성되므로 어떤 한 항목만 유별나게 높거나 낮기는 쉽지 않습니다. 특히 장기적으로 가면 갈수록 더 그렇습니다. 이런 사실을 바탕으로 최종 정리해보면 소유권 가치를 현금흐름으로 계산하는 식이 더 단순해집니다.

전체적으로 주택의 소유권 가치를 추정하기 위해서 수익가치를 계산할 때 주택의 총 수익가치라는 것을 현재 전세의 일정 배율로 요약해서 계산할 수 있다는 점을 살펴보았습니다. 이 방법을 사용하면 소유권을 계산하는 방식이 쉽게 정리됩니다.

또, 1기에서 2기로 넘어갈 때의 전환비용(즉, 구축을 멸실하고 신축을 건설하는 건축비)도, 1기의 경우 약 40여 년 후, 2기의 경우에는 약 80여 년 후의 일입니다. 40여 년 후에 사용될 비용 부분도 미래에 발생할 현금지출이므로 할인해야 마땅하지만, 80년 후 또는 120년 후는 더 할인 폭이 커져서 그 규모가 감소합니다. 그렇기에 전환비용 역시 사실은 첫 번째 전환비용이 가장 클 수밖에 없습니다. 그렇게 식을 조정하면 아래와 같이 나옵니다.

다음 장에서는 1기 주택이 그 생애를 다 하고 멸실된 후 2기 주택을 짓는 데 들어가는 비용을 알아보겠습니다.

용적률과
분담금의 관계

용적률은 재개발과 재건축 사업의 수익성을 결정하기 때문에 중요합니다. 용적률에 따라 정비사업에 추가로 내야 하는 비용이 많거나 적을 수 있습니다. 용적률이 현저히 낮다면 정비사업을 하면서 비용을 내는 것이 아니라 오히려 환급을 받기도 합니다. 이때 현금흐름을 토대로 적정가치를 계산하면 상당한 플러스 요인이 됩니다. 이 때문에 용적률을 통해서 정비사업에 드는 비용을 계산하는 것이 주택의 가치 추정에서 핵심이 됩니다.

아파트 정보를 파악할 때 한 번쯤 용적률이라는 지표를 본 적이 있을 것입니다. 용적률은 대지면적에 대한 건축물 연면적의 비율을 나타냅니다. 쉽게 이야기하면 일정한 대지면적에 총바닥면적을 합친 것의 비율이므로, 용적률이 높다는 것은 아파트 층수가 많다는 말입니다. 예를 들어 대지면적이 30평, 건축물 지상층 면적의 총합이 90평이라면, 용적률은 300%(90평/30평×100=300%)가 됩니다.

- **대지면적**: 대지의 수평투영면적
- **연면적**: 각 층 바닥면적의 합계
- **용적률** = 연면적/대지면적×100

정비사업 분담금 계산에서 용적률은 왜 중요할까요? 재건축, 재개발에서 용적률은 사업 수익성의 핵심이기 때문입니다. 용적률이 낮으면 비용을 낮출 수 있고, 용적률이 높으면 비용이 많이 듭니다. 이처럼 용적률의 원리는 단순합니다.

예를 들어 현재 용적률이 200%인데, 재건축 후에 300%가 될 수 있다면 어떻게 될까요? 그 대지를 소유한 사람은 대지면적의 2배에 해당하는 연면적을 갖는 주택을 지을 수 있다가, 이제는 3배에 해당하는 주택을 지을 수 있게 되면서 임대면적 혹은 사용면적이 2배에서 3배로 넓어집니다. 직접 사용하나 임대를 주나 동일한 것을 살펴보았고(사용권=수익권), 임대소득이 수익가치의 근간인데, 임대소득은 당연히 면적에 비례하므로 수익가치가 그대로 1.5배 상승하는 셈이 됩니다. 수익가치의 1.5배 상승은 결과적으로 매매가격의 상승으로 이어집니다.

이처럼 용적률을 더 높일 수 있다면, 미래에 상당한 수익가치가 증가하는 것으로 이어집니다. 그래서 용적률은 정비사업에서 가장 핵심 요소 중 하나입니다.

그런데 재건축, 재개발을 하면 비용이 들어갑니다. 다만, 재건축이나 재개발과 같은 정비사업에서 일반적으로 모든 사업비용을 소유주가 부담하는 것은 아닙니다. 만약 현재 용적률보다 미래의 용적률이 더 유의미하게 높아진다면, 그 증가하는 용적률만큼 제삼자에게 매각(분양)하는 개발이익이 발생하면서 정비사업의 수익이 늘어납니다. 이 경우 그 수익을 차감한 금액이 비용이 됩니다. 이러한 비용을 정비사업에서는 '분담금'이라고 표현합니다. 따라서 어떤 아파트는 현재 용적률이 매우 낮아서 동일 평형대로 전환하는 데 분담금이 전혀 없어서 0원이 될 수도 있고, 어떤 아파트는 용적률이 매우 높고 분양 수익이 없어서 동일 평형대로 전환하는 데 분담금이 수억 원이 들 수도 있습니다. 즉, 비용 면에서 용적률이 상당한 차이점을 가지고 옵니다.

이 용적률은 누가 정할까요? 국토계획법에서 용도지역별 용적률과 건폐율을 정하고 있습니다. 단, 국토계획법에서는 건폐율 상한과 용적률의 범위만 정하고, 지역의 특성을 고려해 시, 군 조례로 이 범위 안에서 구체적인 제한을 정합니다. 예를 들어 서울시의 용적률과 건폐율을 살펴봅시다.

서울의 경우, 국토계획법에서는 제3종 일반주거지역의 용적률을

300%로 정하고 있지만, 조례에서는 250%로 정하고 있음을 알 수 있습니다. 마찬가지로 각 지자체에서 해당 용적률을 결정하고 있습니다.

서울시의 용도지역별 용적률과 건폐율

용도지역		서울시 조례	
구분	세분화	건폐율	용적률
주거지역	제1종 전용주거지역	50%	100%
	제2종 전용주거지역	40%	120%
	제1종 일반주거지역	60%	150%
	제2종 일반주거지역	60%	200%
	제3종 일반주거지역	50%	250%
	준주거지역	60%	400%
상업지역	중심상업지역	60%	1,000%(단, 역사도심: 800%)
	일반상업지역	60%	800%(단, 역사도심: 600%)
	근린상업지역	60%	600%(단, 역사도심: 500%)
	유통상업지역	60%	600%(단, 역사도심: 500%)
공업지역	전용공업지역	60%	200%
	일반공업지역	60%	200%
	준공업지역	60%	400%
녹지지역	보전녹지지역	20%	50%
	생산녹지지역	20%	50%
	자연녹지지역	20%	50%

● 용적률을 알면 분담금을 알 수 있다

지금부터 분담금을 계산해보겠습니다. 분담금 계산은 크게 보면

2가지로 전개됩니다. 먼저, 현재 존치 중인 주택의 용적률이 법이나 조례에서 허용하는 상한선인 300% 혹은 250%를 이미 넘은 단지들이 있습니다. 아파트가 위치하는 대지(보통 용도용적제[•]에서 일반주거 3종)인 경우, 지방자치단체 조례를 따라 용적률 상한은 다음과 같습니다.

- 서울 250%
- 부산 300%
- 대구 250%
- 광주 250%
- 대전 250%
- 울산 300%
- 세종 300%

경기도는 시마다 용적률이 다릅니다.

- 수원 300%
- 성남 280%
- 고양 250%

• 주상복합 건축물의 용적률을 산정할 때 상업 용도에는 상업지역 용적률을, 주거 용도에는 주거지역 용적률을 적용하는 제도.

- 용인 290%

- 부천 280%

- 안산 300%

- 안양 280%

- 남양주 270%

- 화성 270%

- 평택 300%

- 광명 280%

- 김포 300%

보통 250%를 넘으면 상한 용적률에 도달했다고 생각해도 됩니다. 그런데 개별 아파트의 용적률은 어디서 확인할 수 있을까요? 가장 간단하게 호갱노노, 네이버부동산 등에서 직관적으로 확인할 수 있습니다. 예를 들어 호갱노노에서 서울시 서초구 서운로에 위치한 래미안에스티지에스를 한번 찾아보겠습니다.

출처: 호갱노노

용적률이 299%라고 나옵니다. 네이버부동산에서도 아파트 이름을 검색하고 '단지 정보'를 클릭하면 아래 그림이 나옵니다.

단지 정보

세대수	593세대(기타임대 91세대 포함, 총5개동)	저/최고층	16층/32층
사용승인일	2018년 01월 24일	총주차대수	854대(세대당 1.44대)
용적률	299%	건폐율	19%
건설사	삼성물산(주)		
난방	지역난방, 열병합		
관리사무소	02-597-8701		
주소	서울시 서초구 서초동 1754 도로명 서울시 서초구 서운로 104		
면적	111A㎡, 111C㎡, 112B㎡, 144A㎡, 144B㎡, 145C㎡, 171㎡		

출처: 네이버 부동산

좀 더 정식으로 확인하고 싶다면 사이트 '토지이음'에서 살펴보면 됩니다.

https://www.eum.go.kr

토지이음 사이트에 들어가면 주소를 입력하는 칸이 나옵니다. '서운로 104번지'를 넣어보세요. 그러면 아래처럼 검색되는데, '건축물 정보'를 클릭해서 나오는 '총괄표제부'를 확인하면 용적률을 확인할 수 있습니다.

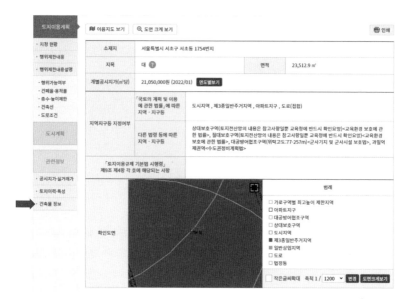

── **관련 정보 보기** ✕

서울특별시 서초구 서초동 1754 (도로명 주소 : 서울특별시 서초구 서운로 104)

공시지가/실거래가	토지이력·특성	건축물정보

※ 해당 자료는 참고자료로서 법적 효력이 없으며, 자세한 사항은 건축물대장을 통해 확인하여 주시기 바랍니다.

소재지	서울특별시 서초구 서초동 1754 (도로명 주소 : 서울특별시 서초구 서운로 104)		
대장종류	건물명	건물동명	주용도
총괄표제부	래미안서초에스티지에스		공동주택(아파트)
표제부(주건축물)	래미안서초에스티지에스	201동	공동주택(아파트)
표제부(주건축물)	래미안서초에스티지에스	202동	공동주택(아파트)
표제부(주건축물)	래미안서초에스티지에스	203동	공동주택(아파트)
표제부(주건축물)	래미안서초에스티지에스	204동	공동주택(아파트)
표제부(주건축물)	래미안서초에스티지에스	205동	공동주택(아파트)
표제부(부속건축물)	래미안서초에스티지에스	경로당,어린이집	경로당,어린이집
표제부(부속건축물)	래미안서초에스티지에스	부대복리시설	지하주차장,펌프실,전기실,발전기실,관리사무소,작은도서관,휘트니스센터,골프연습장,주민공동시설,주민회의실
표제부(부속건축물)	래미안서초에스티지에스	통합경비실	경비실,택배보관실,방재실,MDF실

건축물정보	건축면적(㎡)	연면적(㎡)	용적률산정용 연면적(㎡)	건폐율 (%)	용적률 (%)	사용 승인일자
	4696.88	108,556.49	70,536.79	19.98	299.99	2018-01-24

용적률이 299.99%임을 확인할 수 있습니다. 사실 토지이음 사이트보다는 '호갱노노'나 '네이버부동산' 등에서 확인하는 것이 훨씬 더 간단하지만, 토지이음 사이트에서는 해당 토지와 아파트 단지에 대한 다른 정보를 추가로 많이 얻을 수 있습니다. 여러 규제 기준 등을 확인할 수 있어서 토지이음 사이트를 자주 보다 보면 배우는 것이 많습니다.

건축비와
분담금의 관계

용적률이 법정 상한에 이미 도달한 경우, 즉 일반분양을 통한 수익이 발생하지 않아서 소유주인 조합에서 모든 비용을 다 내야 할 때 분담금*은 어떻게 될까요?

일반적으로 이런 경우 재건축에 들어가는 비용을 종전 거주민들이 100% 부담합니다. 이러한 아파트 단지에서는 1기 아파트의 생애주기가 끝난 후, 2기 아파트로 재건축할 때 현재 기준으로는 그 비용을 소유주가 모두 부담합니다. 소름공식은 다음과 같이 전개됩니다.

● 재건축 분담금은 재건축 사업에서 조합원이 자신이 가진 물건의 권리가액을 초과해서 분양받는 경우 추가로 분담해야 하는 금액을 말한다. 여기서 권리가액은 조합원이 재개발, 재건축 사업을 진행할 때 본인이 제공한 종전 부동산의 평가금액을 말한다.

소유권 (현금흐름)	=	총현금유입 (현 전세의 2.0~2.1배) *월세증가율−할인율에 따라 달라짐	−	정비사업 분담금 1) 초기일 때 2) 권리가액이 있을 때

일반적으로 분담금을 100% 부담한다고 하면 공사비만을 생각할 수도 있는데, 사실 재건축에 필요한 사업비는 공사비만이 아닙니다. 보통 공사비는 직접비라고 부르고, 금융비용 등을 간접비라고 표현합니다. 그래서 재건축의 총사업비는 직접비와 간접비를 더해야 합니다. 그러나 여기서 정비사업을 원 단위까지 계산할 필요는 없고 대략적인 수준만 파악해도 사실 무방합니다. 가치평가는 무조건 직관적이고 실용적이어야 하니까요.

현재 주택이 전용면적 $85m^2$이고 용적률 법적 상한선이 299%인 아파트 단지가 같은 평형대로 재건축된다고 합시다. 이때 쉽게 활용할 수 있는 것이 '평당 공사비' 개념입니다. 그리고 이 부분은 앞서 '상품가치'를 분석할 때, 평당 공사비가 얼마나 들어가는지에 대해서 이미 살펴본 바가 있습니다.

평당 공사비는 1년에 2회 발표하는 국토부의 '기본형 건축비'를 기준으로 참고하면 됩니다. 2022년 9월 발표한 가장 최신의 국토부 보도자료에는 기본형 건축비가 m^2당 190만 4천 원입니다. $3.3m^2$로 환산하면 628만 원이 됩니다.

평당 공사비를 628만 원으로 가정할 때 직접비는 628만 원×34 평이며, 이를 계산하면 2억 1,352만 원이 나옵니다.

이 금액을 상품가치 분석에 사용했던 금액과 비교해보세요. 공사비만 적용했을 때는 2022년 기준 2억 1천만 원으로, 마포래미안푸르지오의 1억 9천만 원(2014년), DMC파크뷰자이(2015년)의 1억 8천만 원과 비교하면 적당히 물가 상승을 반영한 것으로 보입니다. 최근 건설된 단지인 목동센트럴아이파크위브(2020년)의 1억 8천만 원과도 큰 차이가 나지 않습니다. 최근 기본형 건축비는 2022년에 러시아·우크라이나 전쟁으로 인한 자재값 상승 등 인플레이션 요소가 크게 작용했기 때문에 가파르게 상승했지만 이 수치를 사용하면 됩니다. 그리고 기본형 건축비가 올랐다 해도 역시나 서초그랑자이(2021년)의 3억 원과 비교하면 낮다는 것을 알 수 있습니다.

그렇다고 모든 단지가 기본형 건축비로 시공될 리 없겠지요. 서초, 강남권과 같은 수도권 및 지방의 거점 주택지역에서는 기본형 건축비보다 더 많이 적용해도 무방합니다. 위 사례처럼 해당 지역에서 비슷한 건축비가 쓰인 경우가 많으니 주변 단지의 건축비를 조사해 적용해도 됩니다.

또 이런 직접 공사비 외에도 재건축을 추진하면 간접비용이 필요합니다. 간접 공사비는 직접비의 30~70% 수준이라 범위가 넓은데, 이 역시 규모가 상당해서 분담금 계산할 때 필수로 반영해야 합니다. 직접 공사비의 30% 수준에서 발생한다고 기준을 세우고 계산해보세요.

좀 더 간략하고 편리하게 계산할 수 있도록 표를 만들어 활용합니다. 50만 원 단위로 건축비를 적용하면서 분담금이 얼마나 들어가는지를 확인할 수 있습니다. 이렇게 평당 공사비 단가에 따라 분담금 100%인 경우를 면적 기준으로 간략히 정리하면 아래와 같은 표가 나옵니다.

공사비만 적용했을 때 건축비

(공사비 단위: 만 원, 건축비 단위: 억 원)

공사비 면적	500	550	600	628	700	750	800	850	900	950	1,000
25PY	1.3	1.4	1.5	1.6	1.8	1.9	2.0	2.1	2.3	2.4	2.5
34PY	1.7	1.8	2.0	2.1	2.3	2.5	2.6	2.8	3.0	3.1	3.3
45PY	2.3	2.5	2.7	2.8	3.2	3.4	3.6	3.8	4.1	4.3	4.5
52PY	2.6	2.9	3.1	3.3	3.6	3.9	4.2	4.4	4.7	4.9	5.2

사업비를 적용했을 때 건축비

(공사비 단위: 만 원, 건축비 단위: 억 원)

공사비 면적	500	550	600	628	700	750	800	850	900	950	1,000
25PY	1.6	1.8	2.0	2.0	2.3	2.4	2.6	2.8	2.9	3.1	3.3
34PY	2.1	2.4	2.6	2.7	3.0	3.2	3.4	3.6	3.9	4.1	4.3
45PY	2.9	3.2	3.5	3.7	4.1	4.4	4.7	5.0	5.3	5.6	5.9
52PY	3.1	3.4	3.7	3.9	4.4	4.7	5.0	5.3	5.6	5.9	6.2

예를 들어 평당 공사비가 500만 원인 경우 순수 공사비만 추정하면 25평형은 1억 3천만 원, 34평형은 1억 7천만 원이며, 기본형 건축비인 628만 원일 때는 25평형이 1억 6천만 원, 34평형이 2억 1천만 원입니다. 800만 원 수준의 고가 주택은 25평형이 2억 원, 34평형이 2억 6천만 원이 들어갑니다. 다만, 사업비 측면에서 접근하면 평당 공사비가 500만 원일 때 25평형이 1억 6천만 원으로, 34평형은 2억 1천만 원으로, 45평형은 2억 9천만 원으로 증가합니다. 사업비 개념으로 추정해야 실질에 더 가깝습니다.

이 분담금 표는 평당 공사비를 토대로 대략 계산한 것입니다. 정비사업에서처럼 정확히 분담금을 계산할 수 있을 때는 이 표를 참고할 필요가 없고, 개별 단지의 분담금을 정확히 입력하는 것이 좋습니다. 특히 재건축 및 리모델링 사업이 개시된 단지일수록 분담금 계산이 정교해질 수밖에 없습니다. 이런 단지에서는 분담금을 거의 만 원 단위로도 뽑아낼 수 있습니다.

현금흐름에서 이 분담금이 적용되는 시점은 언제일까요? 현재의 주택이 멸실되어서 재시공해야 하는 미래 시점이 됩니다. 그러니 이 금액을 40년으로 할인하는 것이 적절할까요? 그럴 필요는 없습니다. 공사비 역시 물가 상승의 요율에 따라 자연스럽게 상승할 가능성이 크고, 40년 후의 공사비는 현재 금액과 다를 것이기 때문입니다. 그래서 저는 분담금을 할인하지 않고 그대로 사용하는 방법을 선호합니다. 이렇게 계산해야 주택가격에 대해서 좀 더 보수적으로 추정할 수 있고 불확실성을 최소화할 수 있기 때문입니다.

그런데 평당 공사비를 얼마로 적용해야 할지 모른다면 어떻게 해야 할까요? 상식적인 질문을 하나 던져볼까 합니다. 서울 강남권의 재건축 아파트의 공사비는 아마도 전국에서 가장 높은 수준의 공사비를 선택할 가능성이 큽니다. 반면, 지방 소도시는 최저 공사비 수준을 선택할 가능성이 큽니다. 이 말은 공사비라는 것도, 결국은 해당 지역의 임차료 수준에 따라 그에 부합하는 비용을 선택할 가능성이 크다는 말입니다.

그래서 정말 간단히 공사비를 추정하는 방법은 현재 전세가격의 0.45배로 정하는 것입니다. 이는 개략적이긴 하지만 의외로 잘 맞는 실질적 숫자이므로, 저도 이를 활용하고 있습니다. 개별 단지마다 개별 공사비를 일일이 적용해서 평가한다는 것은 쉬운 일이 아닙니다. 반대로, 정비사업을 진행한 단지라면 공사비에 이미 사업비가 반영되어 있기 때문에 이를 활용하면 되고요. 따라서, 재건축하기 전 단지일 때 개략적 공사비 수준을 파악하는 데는 큰 문제가 없으므로 이를 활용하면 됩니다.

● 현금흐름을 기반으로 한 소름공식의 완성

이제 소름공식이 완성되었습니다. 현금흐름에 기반을 둔 소름공식은, 전체 생애주기의 총현금유입을 현재 전세가격의 약 1.7~2.3배(요구수익률의 차이에 따른 도시 간 격차를 반영한 것)를 기준으로 평균 2.1배를 적용합니다. 정비사업의 분담금은 전세가격의 0.45배를 적용합니다.

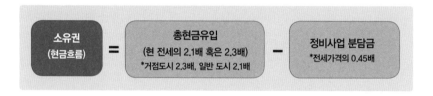

여기서 총현금유입의 경우, 거점도시는 2.3배를, 일반 도시는 2.1배를 적용합니다. 앞서 봤듯이 총현금흐름은 월세증가율과 할인율에 따라 변화합니다. 그렇기에 모든 도시에 똑같이 2.1배를 적용하는 것은 어려움이 있습니다. 초과 성장하는 지역과 그렇지 않은 지역 간에는 당연히 성장률의 차이가 있기 때문에 현금흐름의 비율도 달라질 수밖에 없습니다.

여기까지 따라오기가 쉽지 않았을 텐데요, 정리해보면 간단합니다. 아파트의 적정가, 즉 내재가치를 계산하는 과정에서 월세 또는 전세가격의 활용, 현금흐름의 전체적인 구조를 설명했습니다. 아울러 소름공식에 들어가는 공사비 역시 용적률이 250%를 밑도는 단지에서 어떻게 적용해야 하는지 등 여러 조건에 따른 변주가 필요하다는 사실을 살펴보았습니다. 기본 개념을 이해했다면 이제 소름공식을 현실에서 어떻게 적용해야 하는지 들여다보겠습니다. 다만, 어떤 지역을 성장권역, 일반권역, 쇠퇴권역이라고 부를지에 대한 고민이 남습니다.

실제 수익에서 수십억 원이 드는 매수매도를 판단할 때는

동물적 감각도 필요하겠지만 냉철한 숫자 위에서 해야 합니다.

소름공식을 실제 아파트에 적용해보면 얼마나 간단한지 놀랄 겁니다.

6부

소름공식을
어떻게 활용할 것인가

거점도시와
비거점도시에 따라 다르다

우리는 매일 통근과 통학을 반복하며 살아갑니다. 학교와 회사를 오가며 하루를 채워나갑니다. 부동산시장에서는 행정구역으로 입지를 분석하는 경향이 강하지만, 사실 사람들은 경기도에서도 서울로 출퇴근을 하고, 대구에서 경북으로, 경북에서 대구로, 경남에서 부산으로, 부산에서 경남으로, 서울에서 경기도로 출퇴근하며 삽니다.

이렇듯 사람들이 오가는 경로와 그 범위를 우리는 '생활권'이라고 부릅니다. 문헌학자 김시덕은 그의 저서 『대서울의 길』에서 이를 '대서울'이라고 표현합니다. 저는 2018년에 『오를 지역만 짚어주는 부동산 투자전략』에서 이를 '통근통학권'이라는 개념으로 설명했습니다. 행정구역은 단순한 행정 편의를 위해서 존재하는 것이고, 사람들의 이동은 선과 선으로 연결되어서 나타나므로 행정구역보다 더 넓은 생활권역을 보유하고 있습니다.

• 거점도시와 비거점도시의 구분

통계청의 인구주택총조사에서 '통근통학' 부분에 관련 내용이 자세히 나옵니다. 여기서 책 한 권의 내용을 다 담기는 어렵지만, 핵심만 설명하면 이렇습니다. 특정 도시에서 거점도시로의 통근통학률을 파악하면 두 도시 간의 역학관계를 자세히 확인할 수 있다는 것입니다.

대표적으로 서울과 경기도를 생각해볼까요. 서울의 통근통학자는 537만 명입니다. 또 외부에서 추가로 유입되는 인구가 81만 명이 있습니다. 인천에서도 16만 명이 유입됩니다. 다음 도표를 한번 보세요.

서울에서 서울로 통근통학하는 사람의 수는 475만 6,038명입니다. 그리고 경기도에서 서울로 통근통학하는 인원은 125만 5,518명이고, 그 비중은 총 서울 통근통학자의 20.3%에 이릅니다. 경기도에서 오는 인구의 숫자와 비중은 나날이 증가하는 추세입니다. 인천에서도 서울로 통근통학을 하는데, 그 수는 16만 4,282명이고 비중은 2.7%입니다.

경기도의 고양시와 비교해볼까요. 고양시로의 일자리 및 학교 때문에 발생하는 통근통학자의 수는 총 44만 4,495명입니다. 고양시에서 고양시로 33만 9,590명이 통근통학을 하고, 반대로 서울에서

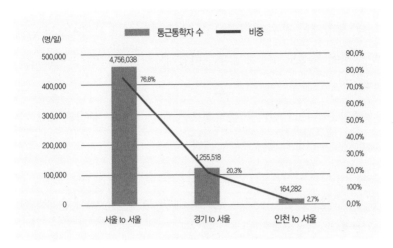

서울시 통근통학권

(명/일)

■ 통근통학자 수 ── 비중

4,756,038
76.8%

1,255,518
20.3%

164,282
2.7%

서울 to 서울   경기 to 서울   인천 to 서울

고양시로도 4만 5,745명이 통근통학합니다.

고양시에서도 외부로 통근통학을 나갑니다. 먼저 고양시에서 서울로 통근통학을 하는 사람은 총 16만 3,298명으로, 이는 서울에서 고양시로 오는 4만 5,745명 대비 약 3.5배나 큰 수치입니다. 즉 고양시에서는 서울로 통근통학을 나가는 인구가 더 많다는 것을 알 수 있습니다. 고양시에서는 파주시로도 3만 2,829명이 통근통학을 하러 고양시를 떠납니다. 이는 파주에 여러 일자리 등 산업단지가 있기 때문으로 추정할 수 있습니다. 정리하면 고양시를 출발지로 하는 총 통근통학자 수가 58만 5,185명인데, 고양시를 목적지로 하는 총 통근통학자 수는 44만 4,495명으로, 14만 690명이 순 유출되는 셈입니다.

이런 방식으로 특정 시를 출발지·목적지 개념으로 하여 목적지인 경우가 더 많을 때 그 도시를 일자리 등이 있는 거점도시로 봅니다. 출발지인 경우의 인원이 더 많을 때는 해당 목적지로의 연계도시 혹은 위성도시에 해당하는 비거점도시로 분석할 수 있습니다.

이 기준에 따라 전국을 분석해보면, 이런 추이는 확실히 서울·수도권에서 좀 더 확연히 드러납니다.

먼저 서울은, 서울을 목적지로 하는 인원이 619만 명, 서울을 출발지로 하는 인원이 537만 명으로 81만 명이 외부에서 순 유입되는 구조로, 전형적인 거점도시입니다.

그러나 대부분 광역시에서는 순 유출이 더 많습니다.

- 부산 순 유출: 2만 633명
- 대구 순 유출: 7만 9,469명
- 인천 순 유출: 16만 5,612명
- 광주 순 유출: 4만 217명
- 대전 순 유출: 1만 4,068명
- 세종 순 유출: 2만 2704명

오직 울산만 순 유입이 더 많습니다. 울산을 출발지로 하는 인원 60만 4,740명 대비 울산을 목적지로 하는 인원이 61만 5,935명으로 더 많아서, 1만 1,195명이 순 유입되는 구조입니다.

경기도를 보면, 서울로 일자리 의존도가 높아서 경기도 전체는 70만 6,428명이 순 유출되는 구조입니다. 그러나 경기도 안에서도 순 유입이 되는 도시들이 있는데요. 먼저 성남시는 3만 8,329명이 순 유입되고, 평택시가 3만 7,394명이 순 유입되며, 과천시도 5,877명이 순 유입됩니다. 이천시가 3만 1,655명이 순 유입되고, 안성시가 1만 7,686명이 순 유입되며, 화성시가 5만 5,981명의 순 유입으로 경기도에서 순 유입의 숫자가 가장 큰 도시에 해당합니다. 이외에 포천시가 3만 2,693명, 여주시가 5,582명이 순 유입되는 도시입니다.

정리하면, 통근통학자의 순 유입이 있는 도시는 성남, 평택, 과천, 이천, 안성, 화성, 포천, 여주입니다.

순 유출이 있는 경기도 도시는 수원, 안양, 부천, 광명, 동두천, 안산, 고양, 구리, 남양주, 오산, 시흥, 군포, 의왕, 하남, 파주, 김포, 광주, 양주입니다.

이를 도표로 정리하면 다음과 같습니다.

거주인 대비 초과 통근통학자 수와 그 비중

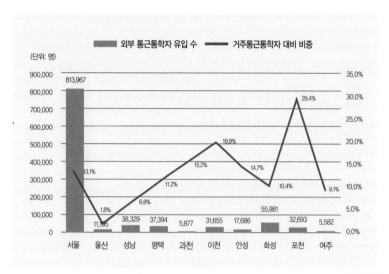

출처: 통계청

외부에서 통근통학을 하러 온다는 것은, 해당 도시에 일자리가 많다는 의미이기도 하고, 도시 기능 면에서 거점 역할을 한다는 것으로 봐도 좋습니다.

거점도시를 고르는 다른 기준들도 있습니다. 한국에서 가장 중심 도시가 서울이고, 통근통학자 수가 나머지 광역시 전체를 합친 수에 육박할 정도로 많기 때문에 서울 쏠림이 매우 높은 상황입니다. 당연히 서울과 깊은 연계성을 갖는 도시들도 이와 비슷하게 높은 수준의 네트워크 효과를 볼 가능성이 큽니다.

수원시의 경우, 총 통근통학자가 68만 4,741명인데, 이 중 서울로 통근통학하는 사람의 수는 6만 4,996명으로 전체에서 9.5%가 서울로 통근통학을 합니다. 성남시의 경우, 총 52만 5,409명 중 12만 8,860명이 서울로 통근통학을 하며 그 비중이 24.5%입니다.

　이렇게 경기도의 모든 도시를 서울과의 연계성 측면에서 살펴보면 흥미로운 통계가 나옵니다. 서울과 연계성이 높다는 것은 생활권이 비슷하다는 것을 의미하므로 '서울 생활권'에 해당하는 도시라고 할 수 있습니다.

　아래는 경기도 도시별 서울 방향 통근통학률을 정리한 것입니다. 이 중 서울 생활권에 해당하는 도시들이 어딘지를 동시에 표기했습니다.

10% 미만	10~20% 미만	20~30% 미만	30% 초과
수원(9.5%)	시흥(10.0%)	성남(24.5%)	광명(35.9%)
평택(2.2%)	파주(12.0%)	안양(21.7%)	과천(38.3%)
동두천(9.1%)	광주(13.5%)	부천(22.9%)	구리(34.7%)
안산(6.9%)	양주(13.0%)	고양(27.9%)	하남(37.8%)
오산(4.4%)	군포(16.4%)	남양주(27.1%)	
이천(2.1%)	의왕(18.7%)	김포(24.2%)	
안성(1.7%)			
화성(5.9%)			
포천(3.8%)			
여주(2.3%)			

출처: 통계청

　경기도의 도시 가운데 순 유입이 높으면서도 서울 방향 통근통학률도 높은 곳은 어디일까요? 바로 성남과 과천입니다. 성남은 통근통학에서도 순 유입이 발생하는 도시이며, 동시에 서울 방향 통근통학률도 24.5%로 서울 생활권에 해당합니다. 과천도 통근통학의 순유입이 발생하고, 또 서울 통근통학 비중도 38.3%로 가장 높습니다. 그래서 이들 도시는 '거점도시'라고 확실히 생각할 수 있습니다.

이러한 구분으로는 일자리 측면에서 성남, 평택, 과천, 이천, 안성, 화성, 포천, 여주와 같은 도시 지역군은 외부에서의 통근통학자 순 유입이 발생하여 거점도시로 판단할 수 있습니다. 또한 광명, 과천, 구리, 하남, 성남, 안양, 부천, 고양, 남양주, 김포와 같이 서울로의 접근성이 높은 도시들을 거점도시로 정할 수도 있습니다.

거점도시를 찾는 노력은 좋은 입지가치를 찾는 노력과도 연결됩니다. 좋은 입지가치와 도시 기능이 강화되면 도시의 장기적 성장성이 향상되고, 이는 부동산시장에서 임대료 상승으로 이어질 수 있습니다. 따라서 미래 현금흐름을 추정할 때, 이러한 거점도시에서는 현재 전세가의 2.01~2.07배의 기본 배율이 아니라 한 단계 더 높은 성장률을 적용해도 큰 문제가 없습니다.

요컨대 보수적으로 추정할 때는 현 전세가격의 2.01~2.07배, 약 2.05배를 적용하는 것이 적절합니다. 하지만 서울·성남·과천·울산 등 지역에서는 거점도시의 성격이 있으므로, 프리미엄을 부여할 수도 있습니다.

실제로 저는 일자리 도시와 서울 통근통학 도시를 모두 거점도시로 보고, 현금흐름의 2.3배를 적용합니다. 나머지 지역은 2.05배를 적용하고요.

구분	도시명
광역 거점 및 일자리 거점	서울, 울산, 대전
일자리 지역거점	성남, 평택, 과천, 이천, 안성, 화성, 포천, 여주
서울 생활권	광명, 구리, 하남, 안양, 부천, 고양, 남양주, 김포

출처: 채상욱TV

이에 따라 소름공식의 계산식을 다시 정리하면 다음과 같습니다.

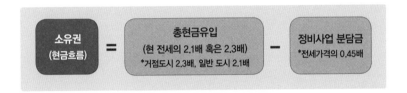

소름공식을
적용하는 방법

　거점도시는 현 전세가의 2.3배, 일반 도시는 2.1배를 하여 아파트 적정가를 평가하는 소름공식을 토대로 이제 2022년 12월 기준, 전국의 유명 아파트들에 적용해보겠습니다. 공식을 적용하는 방법은 아래와 같습니다.

1) 단지의 매매가/전세가/월세 평균가격 조사

2) 단지 전월세전환율과 지역 전월세전환율 비교

3) 총현금유입 계산, 거점도시 여부 체크

4) 총현금지출 계산, 일반 아파트 vs. 재건축 아파트로 구분, 일반은 건축비 활용,
　 재건축은 권리가액 활용, 개략적인 값은 전세가격의 0.45배를 적용

5) 적정가 계산

소름공식으로 적정가를 추정하는 방법

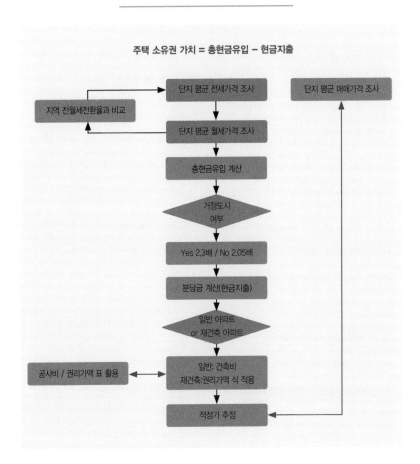

주택 소유권 가치 = 총현금유입 − 현금지출

- 단지 평균 전세가격 조사
- 지역 전월세전환율과 비교
- 단지 평균 월세가격 조사
- 총현금유입 계산
- 거점도시 여부
- Yes 2.3배 / No 2.05배
- 분담금 계산(현금지출)
- 일반 아파트 or 재건축 아파트
- 공사비 / 권리가액 표 활용
- 일반: 건축비 재건축:권리가액 식 적용
- 적정가 추정
- 단지 평균 매매가격 조사

● 실전 적용 사례

사례 1. 서울 관악구에 위치한 아파트로 2003년에 준공되었고, 3,544세대

의 대단지이며 용적률은 267%입니다(분담금 계산은 건축비 적용).

매매가 평균은 2022년 말 기준 8억 원이며, 전세가격은 4억 7천만 원대에 형성되어 있고, 월세는 163만 원입니다. 전월세전환율을 계산해보면 4.2%인데, 서울 전월세전환율이 4.3%이기 때문에 매우 유사한 수준에서 형성되어 있다는 것을 알 수 있습니다.

현금유입은 월세를 기반으로 현금흐름표를 만들어서 계산할 수도 있지만, 이렇게 단지 전월세전환율과 지역 전월세전환율이 부합한다면 거의 예외 없이 총현금유입을 구할 때 전세의 2.3배를 사용해도 무방합니다. 분담금은 관악구이므로 기본형 건축비 628만 원을 그대로 사용해서 2억 7천만 원을 사용합니다. 이를 적용하면 다음과 같은 계산이 나옵니다.

소유권 가치 = 총현금유입 – 총현금지출

총현금유입 = 현 전세가 4억 7천만 원의 2.3배(거점도시) = 10억 8천만 원

총현금지출 = 기본형 건축비 628만 원 기준 2억 7천만 원

∴ 적정가치 = 10억 8천만 원 – 2억 7천만 원 = 8억 1천만 원

이 단지의 현재 시세가 8억 원 수준이라 시세와 적정가가 매우 가까운 가격대에 진입한 상태입니다. 참고로 이 단지의 아파트 매매가격 최고가는 2021년 9월에 11억 5,500만 원을 기록했습니다. 이외에도 상당한 거래가 10~11억 원 선에서 이루어졌고, 이후

2022년 12월부터 8억 원대 거래가 등장했습니다. 8억 원 거래는 고점 대비 3억 5,500만 원 하락한 것이며, 하락률로는 30.7%를 기록했습니다. 2023년 2월에는 7억 8천만 원의 실거래를 확인할 수 있었습니다.

이 경우라면, 책의 서두에서 말했던 가격 전략을 염두에 둘 만한 가격대에 진입했다고 할 수 있습니다. 또 적정가격이 현 전세가격의 1.7배 수준에서 결정되는데, 이는 전세가율의 약 60% 수준이기도 합니다. 이 수준에서 거래가 늘어났던 것이 과거 한국 주택시장의 역사에서도 증명되었습니다. 따라서 해당 아파트의 가격이 적정가격에 근접해 있으며, 가격 대비 수익률이 합리적인 수준에 있다고 볼 수 있습니다. 그러나 전세가격이 추가로 하락할 가능성은 항상 존재하므로, 향후 시장 상황에 따라 적극적인 관리와 대처가 필요합니다.

사례 2. 수원에 있는 아파트로, 2006년에 준공되었고 총 2,328세대의 대단지이며 용적률은 280%입니다.

34평형 기준 실거래 매매가격 최고가가 2021년 8월에 7억 8천만 원을 기록하고, 2022년 12월에 4억 8천만 원으로 3억 원이 하락한 지역입니다. 현재 전세가격은 최저 3억 원에서 3억 7천만 원 등 약 3억~3억 3천만 원대를 유지하고 있습니다. 월세는 138만 원 수준이며, 이는 전세 3억 4천만 원 대비 4.9%의 전환율입니다. 수원의 경우 전월세전환율 4.6%의 도시로 서울보다 다소 높은 편입니다. 전환율은 요구수익률이므로 요구수익률이 높아질수록 공실 같은 리스크를 반영해서 임대료가 올라가는 특성이 있습니다. 즉, 지방으로 갈수록 전월세전환율과 요구수익률이 높아지게 마련입니다.

평균 전세가격 3억 4천만 원, 용적률 280%이고, 분담금은 공사비 628만 원 기준 34평형 2억 7천만 원으로 적용하고, 적정가를 계산해보겠습니다.

소유권 가치 = 총현금유입 − 총현금지출

총현금유입 = 현 전세가(3억 4,500만 원) × 2.1(비거점도시) = 7억 2천만 원

총현금지출 = 2억 7천만 원

∴ **적정가치 = 7억 2천만 원 − 2억 7천만 원 = 4억 5천만 원**

위 식에서 공사비를 통해서 차감되는 소유권 가치가 매우 크다는 것을 알 수 있습니다. 총현금유입이 7억 2천만 원인 데 반해, 공사비가 2억 7천만 원이나 됩니다. 실제 지방은 서울보다는 공사비가 덜 들어가는 것이 정상이어서 약간의 할인 요인이 있을 법하지만, 식 그대로를 인용하면 현 주택의 적정가는 4억 5천만 원이 됩니다. 마지막 실거래가가 4억 8천만 원이기 때문에, 이 주택에 대해서도 가격 전략을 쓸 수 있는 수준에 근접했다고 판단할 수 있습니다. 특히 전세 평균이 3억 4천만 원인 지역에서 적정가 4억 5천만 원은 전세가의 1.3배에 불과합니다. 해당 지역에서 월세 130만 원대를 주거비로 낼 수 있다고 판단한다면, 이 단지의 경우 실수요자들에 의한 매수가 나타난다고 보는 것이 타당합니다. 따라서 이 주택에 대해서도 가격 전략을 적용할 수 있다고 볼 수 있습니다.

이 아파트의 가격도 2021년 7억 8천만 원일 때는 주거비 및 전세 가격 대비 과도한 측면이 없지 않았습니다. 하지만 현재의 4억 5천만 원에서 5억 원대 사이의 금액에서는 매수자가 나타날 가능성이 크고, 그런 의미에서 이 단지 역시 임대료 안정화와 함께 가격 안정화에 진입할 가능성이 작지 않아 보입니다.

이런 방식으로 개별 아파트 단지에 대한 적정가치를 조사할 수 있습니다. 물론 이러한 소름공식은 개략적인 방법으로 주택의 내재가치를 계산하는 방법입니다. 현금흐름을 그대로 활용해서, 내재가치를 좀 더 자세하게 추정하는 것도 앞으로 충분히 할 수 있습니다.

많은 가치 계산 방법 중에서 저는 현금흐름을 기반으로 하는 아파트 적정가치의 모형을 제시하고자 했습니다. 전세와 월세, 전환율이라는 누구나 구할 수 있는 정보를 토대로 조합해서 간단히 계산할 수 있도록 했습니다. 이 정도면 원하는 아파트 단지의 적정가를 조사하는 데 며칠씩 걸리거나 하는 일은 절대 없을 것입니다.

실제로 제가 10년간 주식시장에서 애널리스트를 할 때도, 가치평가 측면에서 실적을 추정하는 것이 훨씬 어려웠지, 가치평가 자체는 그리 어렵지 않았습니다. 예를 들어 이익의 10배에 거래되는 산업이라면 그 이익을 추정하기 위해서 매출 및 이익률 같은 변수를 추정하는 것은 어려웠습니다. 그러나 계산된 이익에 10배를 곱하면 목표 주가가 되었기 때문에, 가치평가 그 자체는 수월했습니다.

물론 현금흐름을 활용한 가치평가는 어렵습니다. 그럼에도 이 역시 다양한 방법으로 추정할 수 있습니다. 결국 중요한 것은 기업의 이익이었고 이익의 추이였고 성장의 기간이었던 것이지, 그렇게 조사된 수치를 토대로 계산하는 것은 단순한 연산의 영역이었습니다.

아파트 가치평가도 마찬가지입니다. 현재의 전세가격에 2.05배나 2.3배 또는 1.9배 등을 곱해서 총현금흐름을 산출하고, 분담금 계산을 위해서 공사비를 추정하고 이를 차감하는 것은 단순한 숫자의 연산일 뿐입니다. 그리고 이 연산은 1분도 걸리지 않습니다.

그러나 이 연산을 하기 위해서 우리는 해당 아파트의 매매가와 전세가격의 장기 추세를 확인하고, 매매가격이 전세가격의 몇 배에 거래되는지를 파악하고, 동시에 현재의 전세가격과 월세가격의 추이를 통해서 해당 단지의 전월세전환율이 몇 퍼센트인지를 따져야 합니다. 동시에 해당 아파트가 있는 지역의 전월세전환율이 어떤지도 확인해야 합니다. 용적률을 고려하고, 세대당 건축비용까지 계산해야 합니다.

이 모두가 상당한 시간이 걸리는 일이지만 가치 분석과 가치평가의 시작점과 같습니다. 연산의 배경이 되는 가치지표들을 도출해내는 과정이 바로 가치평가의 시작입니다. 이런 식으로 특정 단지들을 계속해서 평가하다 보면, 결국 아파트들의 시장가격에는 위에서 언급한 요소들이 매우 적절하게 반영되어 있다는 것을 확인할 수 있습니다. 즉, 시장은 합리적입니다. 그래서 시장에서 차별적 기회나 초과 상승의 기회를 찾는 것은 어려운 일일 수밖에 없습니다. 그러나 부동산시장은 거래의 불편함으로 인해 여전히 상당한 기회가 숨어 있기도 합니다.

숨어 있는 기회를 잘 찾아내려면 매매가격과 전세가격, 그리고 월세가격의 추이를 꾸준히 확인해야 합니다. 또 각 아파트 단지의 전월세전환율과 시도의 전월세전환율, 월세나 전세의 추이와 매매의 추이, 그 배수 등을 토대로 간략히 가치평가 하는 방법을 활용해서 앞으로 부동산시장에서 방향을 찾는 나침반으로 잘 활용해야 합니다.

여러 배경 조사를 했더라도 실제로는 불충분한 느낌이 들 수 있습니다. 실제 수억에서 수십억 원이 드는 매수매도의 판단은, 동물적 감각도 필요하겠지만 사실은 냉철한 숫자 위에서 이뤄지는 것이 좋습니다.

"가슴은 뜨겁지만 머리는 차갑게!"

독일 증권시장의 우상이었던 투자의 대부 앙드레 코스톨라니André Kostolany의 말처럼, 매수는 철저히 숫자를 바탕으로 충분히 훈련한 뒤 이루어져야 합니다. 더욱이 아파트라면 그 밖에도 챙겨야 할 것들이 많습니다. 매매를 고려해도 될 만큼의 조사연구는 어떤 수준이어야 할까요? 저는 아파트를 매매하기 전에 다음과 같은 순서로 조사하고 따져볼 것을 추천합니다.

• 아파트 매매를 하기 전 알아봐야 할 것들

1. 입지환경 정리하기

교통·교육·편의·자연환경에 대한 세부 요소를 정리합니다. 입지 요소를 정리할 때는 미래에 달라질 내용에 대한 조사도 병행합니다. 언제든 입지환경에는 변화가 발생할 수 있기 때문입니다.

2. 상품가치 파악하기

실내 특징과 단지 특징을 정리하고, 단지 특징에 따라 로열 동, 로열 호수 등의 위치를 알아봅니다. 이를 위해서 동별 실거래가 추이를 체크하면서 실제 로열 동의 위치나 해당 아파트 단지에서 중요하게 거론되는 부분들을 조사합니다.

3. 실거래 가격 추이 정리하기

펀더멘털에 대한 조사가 끝났다면 이제는 실거래 가격 추이를 정리해야 합니다. 이때 가격이라 함은 매매가격과 전세가격, 월세가격입니다. 또 매매가격이 전세가의 몇 배에서 유지되었는지에 관한 개별 아파트의 장기 추세선을 만듭니다. 이러한 비중 자체가 큰 시사점을 줍니다.

4. 해당 아파트 단지의 적정가치 계산하기

현재의 전세·월세와 전월세전환율을 이용해서 이를 할인율로 활용하고, 책에서 제시한 월세증가율·할인율 표(170쪽)를 이용해서 총현금흐름을 몇 배로 적용할지를 정합니다. 아마도 2.05배가 도출되는 것이 적정하겠지만, 할인율이 낮아도 되는 고성장 도시 지역들(서울, 성남, 과천 등)에 대해서는 당연히 낮은 할인율을 적용해서 2.3배 이상의 현금흐름도 적용할 수 있습니다. 동시에 분담금을 계산합니다. 이렇게 적정가를 도출하는데, 적정가격은 반드시 상단가액과 하단가액이 있는 구간 가격으로 산출합니다. 특히 상단 가격은 '긍정적 상황 변화를 가정했을 때'로 적용하고, 하단 가격은 '가장 부정적일 때'를 가정해서 도출해보는 것이 중요합니다. 실제로 미래는 불확실하고 다양한 변수가 있으므로 이런저런 조건의 변화를 염두에 두고 가격을 뽑아보는 것이 도움이 됩니다.

5. 직접 발품 팔아 임장 가기

머릿속에 모든 숫자와 입지/상품 환경들이 다 정리된 상태에서 임장●을 가는 것이 중요합니다. 현장에서는 조사한 내용을 직접 눈으로 확인하는 일을 합니다. 동시에 주변을 살펴본 뒤 해당 단지에 가서 부동산중개사를 만나 동네 분위기나 시세 등을 물어봅니다. 임장은 한 번 갔다고 끝나는 것이 아니라 3개월, 6개월 등 주기를 정해 꾸준히 가서 살펴보고 중개사와 소통해야 원하는 매매를 하는 데 도움이 됩니다.

애널리스트로 일할 때 저는 기업 탐방도 이러한 과정을 거쳐서 수행했습니다. 기업을 방문할 때 무작정 가는 것이 아니라, 그 기업에 대해서 이미 모델을 모두 수립하고, 주식의 목표 가격까지 추정한 상태에서 탐방을 가 미팅했습니다. 아파트라고 다를 게 없습니다. 모르면 눈에 보이지 않는 법이고, 알면 눈에 보이는 법이기 때문에 해당 아파트 단지의 가격만 보지 말고, 위와 같은 과정을 거친 후 현장에 가는 것을 추천합니다.

● 직접 관심 지역에 가서 주변 시세나, 교통, 편의시설, 학군, 지역 분위기 등을 살펴보는 것을 말한다.

정비사업에 진입한 아파트의
적정가치 계산

앞서 아파트 적정가격을 도출하는 소름공식에서 용적률 250% 가 넘는 상황의 분담금을 전제로 논리를 전개했습니다. 그런데 이런 단지들은 대체로 준공 20년 미만의 신축급 단지들입니다. 실제로는 용적률이 250%를 밑돌면서 재건축 및 리모델링, 재개발을 추진하는 곳도 많아서 이들 단지, 즉 용적률로 인해 변화가 발생할 수 있는 아파트에 대한 적정가를 도출하는 방법을 알아보겠습니다.

이를 위해서는 '정비사업'에 대한 개념부터 정리할 필요가 있습니다. 개념을 잘 정리해두면 겁날 것이 없습니다.

정비사업이 일반 주택과 다른 것은 낯선 용어가 등장하기 때문입니다. 하지만 몇 가지 용어만 정리하면 크게 걱정하지 않아도 됩니다. 모르면 두려운 법입니다.

먼저, 재건축이나 재개발 대상 주택은 각각 '권리가액'이 정해집니다. 권리가액이라는 말은 내 권리에 대한 평가액을 뜻합니다. 내가 가진 권리가 무엇인가 하면 정비사업의 조합원으로서 권리를 말합니다. 기본적으로 정비사업이란, 종전 주택을 사업을 통해서 새 주택으로(이 경우 종후 주택이라고 함) 전환하는 과정이기에, 종전 주택을 보유한 조합원은 이 과정에서 사업 주체로서 참여합니다.

조합원이 되기 위해 우리가 지불해야 하는 금액은 어떻게 정해질까요? 기본은 종전 주택의 매매가격입니다. 즉, 소유권 비용이 종전 주택 매매가격이 됩니다. 이렇게 매매한 주택의 가격은 아래와 같은 형태가 됩니다.

소유권 가격 = 권리가액 + 프리미엄

예를 들어 시세 9억 원에 주택을 매입했는데, 권리가액이 4억 원이라면 이때 프리미엄은 5억 원이라는 의미입니다.

그런데 이 사업은 구축 주택을 산다고 해서 끝나는 게 아닙니다. 현 구축 아파트를 미래의 신축 아파트로 바꾸는 작업이므로 전환 과정에서 추가 비용이 들어갑니다. 그 비용을 계산해야 하는데, 이 때 권리가액이 활용됩니다.

정비사업의 비용 계산을 위해서는 반대로 정비사업의 수익부터 알아야 합니다. 그리고 이 부분이 핵심이기도 한데요, 정비사업의 수익은 어디에서 나올까요? 그것은 용적률의 증가분에서 나오는 경우가 많습니다. 많은 사람이 청약하는 일반분양을 하려면 용적률이 높아야 하기 때문입니다. 정비사업을 통해 건축물을 증축하면 분양이 가능한 주택의 수가 늘어나면서 수익이 발생하게 됩니다.

조합은 일종의 기업입니다. 기업은 목적이 있고, 이때의 목적은 재건축, 재개발 사업을 성공적으로 완수하는 것입니다. 기업은 제품을 만들어서 파는데, 이때 만들어서 파는 제품이 바로 주택인 셈입니다. 그 주택을 제삼자인 일반 대중에게 분양해서 원가 대비 높은 분양가를 받아 벌어들이는 수익이 조합의 수익이 됩니다.

이 기업의 조합원들 역시 정비사업을 통해서 새 주택을 받을 권리가 있으므로, 기업은 주택을 일반분양만큼만 짓는 것이 아니라, 조합분양을 포함한 수만큼 짓습니다.

예를 들어 종전 주택의 조합원이 500가구이고, 용적률을 상향 조정하여 일반분양을 포함해서 700가구를 짓는 경우, 500가구는 조합원에게 분양하고, 200가구는 일반분양을 합니다. 그리고 이 일반분양의 사업 손익(분양가－분양원가)이 전체 사업의 수익이 되는 구조입니다.

총수입 = 조합분양 수익 + 일반분양 수익

총비용 = 조합건설원가 + 일반건설원가 = 전체 사업비

이때 조합의 사업 수익을, 종전 자산 평가액으로 나눈 것을 비례율이라고 부릅니다. 따라서 비례율은 곧 사업 수익성과 같은 의미입니다. 그리고 앞서 나온 권리가액이란 감정평가액●에 비례율을 곱한 것입니다. 예를 들어 감정평가액이 4억 원인 종전 주택이 있는데, 이 주택을 재정비하면 30%의 수익이 날 것 같습니다(즉, 비례율 130%). 이때 권리가액은 4억×130%=5억 2천만 원이 되는 것입니다. 즉, 권리가액은 해당 사업의 수익성을 반영한 금액입니다.

이때 비용은 조합원분양이든 일반분양이든 같은 아파트 단지이기 때문에 모두 합쳐져 건설원가가 됩니다. 앞서 상품가치 편에서 건설사가 수주하는 공사비를 통해서 총 공사원가를 확인했던 것을 떠올리면 이해하기 쉽습니다. 수익 계산에서 중요한 것은, 분양 수익이 얼마든지 간에 원가는 이미 정해져 있다는 사실입니다. 분양 수익이 클수록 사업 손익이 커지므로, 향후 비례율이 개선되어서 권리가액은 상승할 수 있으나, 이것은 원가와는 상관이 없습니다. 분양 수익과 무관하게 사업의 원가는 어느 정도 확정됩니다.

● 감정평가사가 부동산의 경제적 가치를 화폐 단위로 측정한 것.

권리가액을 확보했다 하더라도, 이걸로 모든 비용이 끝나는 것은 아닙니다. 권리가액이란, 종전 자산의 평가액 개념이고, 새로 추진하는 사업인 정비사업의 기납부액에 불과하지, 새로 추진하는 사업에 들어갈 원가는 조합원들이 내야 합니다. 이것을 '조합원 추가분담금'이라고 부릅니다.

조합의 주택을 건설하는 데 드는 비용을 '조합원분양가'라고 합니다. 따라서 조합원은 조합원분양가와 자신의 권리가액을 비교하여, 조합원분양가가 더 크다면 추가로 비용을 내야 하고, 자신의 권리가액이 크다면 오히려 조합으로부터 환급을 받기도 합니다.

이를 간략히 정리하면 아래와 같습니다.

조합원의 정비사업 추가분담금 = 조합원분양가(원가) − 권리가액(조합원 지분 평가액)

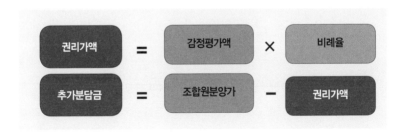

• 실전 적용 사례

사례 : 송파구의 한 단지는 19평, 24평, 32평, 43평, 51평으로 종전 주택이 구성된 대단지입니다. 2017년 12월에 관리처분[•]을 신청했고, 이때 관리처분인가까지 받아서 재건축 초과이익 환수를 피해간 단지입니다.

2017년 말 19평형대 아파트의 감정평가액은 아래 표를 보면 7억 1천만 원이며, 이 시점의 일반분양가를 기준으로 비례율이 107.2% 이니 권리가액은 7억 6천만 원이 됩니다.

권리가액 = 7억 1천만 원 × 107% = 7억 6천만 원

이 주택을 소유한 조합원은 얼마의 분담금을 내야 할까요? 이 역시 단순한 연산인데, 조합원분양가(원가)가 34평형(전용면적 85㎡)을 기준으로 12억 3천만 원입니다. 추가분담금을 계산하면 아래와 같이 나옵니다.

추가분담금 = 12억 3천만 원 − 7억 6천만 원 = 4억 7천만 원

● 재개발과 재건축 절차를 살펴보면 다음과 같다. 안전 진단 ➡ 정비구역 지정 ➡ 추진위 구성 승인 ➡ 조합설립인가 ➡ 사업시행인가 ➡ 관리처분인가 ➡ 착공 ➡ 준공 ➡ 조합 해산

앞서 아파트 적정가를 계산할 때의 소름공식으로 돌아가 봅시다. 우리는 주택의 적정가치를 추정할 때 현금흐름을 활용했습니다. 그리고 현금유입의 경우 전세가액을 토대로 추정하는 계산식을 배웠고, 동시에 건축비를 활용해 분담금을 계산하는 방식도 배웠습니다.

그런데 정비사업의 경우, 분담금을 별도로 계산할 필요가 있고 이때의 분담금이 바로 '조합원 추가분담금'이 되는 것입니다.

(단위: 억 원)

구분			2017년 12월(관리처분) 기준				
면적(평형_PY)			19PY	24PY	32PY	43PY	51PY
대지지분			11.5	13.8	18.6	29.5	
종전 가격평균(감평)			7.1	8.5	10.9	13.6	15.4
비례율			107.2%				
권리가액			7.6	9.1	11.7	14.6	16.5
주택형	조합원분양가	일반분양가	분담금	분담금	분담금	분담금	분담금
49㎡	7.8	9.3	-0.2	1.3	3.9	6.8	8.7
59㎡	9.1	10.9	-1.4	0.1	2.6	5.5	7.5
74㎡	10.9	13.1	-3.3	-1.8	0.8	3.7	5.6
84㎡	12.3	14.8	-4.7	-3.2	-0.6	2.3	4.2
99㎡	13.7	16.5	-6.1	-4.6	-2.0	0.9	2.8
109㎡	14.9	17.9	-7.3	-5.8	-3.2	-0.3	1.6
135P	25.0	30.0	-17.4	-15.9	-13.3	-10.4	-8.5
159T	21.2	25.5	-13.6	-12.1	-9.5	-6.6	-4.7
176P	34.1	–	-26.5	-25.0	-22.4	-19.5	-17.6

출처: 채상욱TV

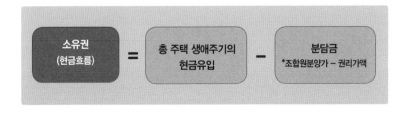

소유권
(현금흐름) = 총 주택 생애주기의 현금유입 − 분담금
*조합원분양가 − 권리가액

이런 방식으로 재건축 사업에 대해서 추가분담금을 계산하면 됩니다. 권리가액과 조합원분양가가 나와 있는 경우, 분담금 계산은 단순한 연산일 뿐입니다. 물론 추가분담금을 정확히 계산하려면 사업이 완전히 끝나야 합니다. 결국은 사업이 다 끝나야만 분양 수익도 총 사업원가도 확정되기 때문입니다. 보통 건설업에서는 이를 '정산'한다고 하여 정산원가율이라고 표현하는데, 어쨌든 사업이 다 끝나야만 최종 정리가 가능합니다. 이 과정이 늦어져서 조합이 청산되지 못할 때도 왕왕 있습니다. 그러나 주택을 사거나 파는 시점에 확인되는 정보로 권리가액을 계산하고 분담금을 계산할 수 있다면 그것으로도 일단은 충분합니다.

용적률 250% 이하 주택의
소름공식

　여기까지 우리는 분담금 부분에 대한 2가지 경우를 정리했습니다. 첫째는 용적률이 250%를 넘어 법정 상한인 경우, 두 번째는 정비사업의 경우입니다. 그런데 그 중간쯤인 주택들은 어떻게 해야할까요? 예를 들어 용적률이 170~220%이어서 250%를 밑도는데 지금 당장 재건축을 추진하지 않는 주택들 말입니다.

　이럴 때도 정확한 계산을 위해서는 용적률 증가분만큼의 일반분양 수익을 계산하여 분담금에 들어갈 비용에서 차감하는 것이 정석입니다. 그러나 분양가 계산부터 정비사업의 수익성까지 다 구해야 하므로 매우 까다롭습니다. 특히나 현재 정비사업을 진행하지 않는 지역에서 적용하기는 쉽지 않습니다.

　그간의 경험과 정비사업의 특성을 통해서 확인해본 바에 따르면,

전세가격이 6억 원을 밑도는 지역은 정비사업에 들어가는 비용이 현 전세가격의 약 0.5배 수준이었습니다. 예를 들어 전세가격이 5억 원인 지역에서 재건축 등을 진행한다면 들어가는 분담금이 2억 5천만 원이라는 얘기입니다.

그렇다면 소름공식도 매우 간단하게 완성할 수 있습니다. 총현금유입 - 총현금지출에서 총현금유입은 현 전세가격의 2.1~2.3배 사이에서, 총현금지출은 현 전세가격의 약 0.5배 수준에서 도출되므로 결국 주택가치는 현 전세가격의 1.6~1.8배 수준에서 결정되는 것이지요.

그런데 용적률이 240%, 230%, 220% 등 10%p 낮아질 때마다 분담금도 감소했습니다. 일반적으로 용적률이 150%가 되면 분담금이 0원 이하로 내려갈 때가 많았습니다. 따라서 용적률이 낮을수록 분담금이 작아지는데 그 규모는 10%p당 0.05배입니다.

즉, 용적률 250%인 경우 총현금유입이 2.1배, 분담금은 0.5배라고 할 때 각 용적률에 따른 분담금은 다음과 같습니다.

- **용적률이 240%일 때**
  총현금유입이 2.1배, 분담금은 0.45배(0.5-0.05)

- **용적률이 230%일 때**
  총현금유입이 2.1배, 분담금은 0.4배(0.5-0.1)

같은 방식으로 용적률이 150%가 된다면, 총현금유입이 2.1배, 분담금은 0.0배(0.5-0.5)가 됩니다.

소름공식에서 필요한 Cost1 정리

1) 용적률이 250%를 넘기는 경우, 평당 공사비를 토대로 추정.
   —현 전세가 6억 원 이하일 때는 전세가의 0.5배를 적용한다. 6억 원 초과일 때는 공사비를 고려해 결정하는 것이 적절하다.
2) 용적률이 150~240%인 경우, 비용 계산 시 용적률 10%p당 전세가의 0.05배를 감소시킴. 대략 용적률 150%는 비용이 0원으로 계산.
3) 정비사업의 경우, 조합원분양가 – 권리가액을 통해 분담금 추정.

재건축과
리모델링 아파트

주택가격에 대한 적정한 가치평가 방식을 만들겠다고 생각한 후 가장 어려운 부분이 바로 정비사업을 앞둔 예정 단지들이었습니다. 이들 단지는 현재의 주택이 매우 노후화된 구축 건물이어서 임대료가 무척 낮은데도 매매가격이 높게 형성되어 있는 것이 일반적이기 때문입니다. 그래서 현재의 전세가격이나 월세를 기준으로 현금흐름 모델을 만드는 것이 쉽지 않았습니다.

예를 들어 재건축 추진 예정인 구축 아파트(종전 아파트)의 시세가 8억 원이라고 해봅시다. 그런데 주변을 보니, 신축 아파트의 매매가격은 같은 면적이 15억 원입니다. 그렇다면 현재 구축 아파트를 신축 아파트로 바꾸기만 하면 15억 원이 될 것 같습니다. 구축에서 신축으로 전환하는 데 들어가는 비용인 용적률, 권리가액, 비례율, 조합원분양가 등을 잘 몰라도 대략 2억 원 정도 더 들어갈 것 같습니다. 그렇다면 명목 비용의 총합은 8억 원+2억 원의 10억 원이고, 미래 기댓값은 15억 원이 됩니다. 사업에 들어가는 기한을 10년으로 잡는다면, 투자수익은 금액으로는 5억 원(15억 원-10억 원)이고, 투자 기간 10년을 기준으로 한다면, 총 매수금액인 10억 원 대비하여 50%(5억 원/10억 원)에 해당합니다.

이러한 생각을 바탕으로 재건축 추진 예정인 구축 아파트에 접근한다면 매우 실용적이라 할 수 있습니다. 이렇게 추정하는 과정에서 중요한 것은 무엇일까요? 결국 '준공 이후의 주택가격'입니다. 미래의 주택가격이 얼마인지에 따라 투자 성과는 크게 차이가 나기 때문입니다.

정비사업의 적정가를 찾는 모형에서도 가장 중요한 부분은 미래의 주택가격입니다. 이는 당장 구축 주택보다 정비사업 이후의 신축 주택의 가격이 더 중요하다는 의미입니다.

그런데 앞서 주택의 현금흐름을 통해서 주택의 적정가를 추정하는 방식을 살펴봤는데, 이쯤에서 다시 한번 기본 공식을 떠올려보겠습니다.

분담금에 대해서는 정리했기 때문에, 이제 현금유입의 총합, 즉 $PV1 + PV2 + PV3 \cdots$ 등 현금유입의 합을 정해야 합니다.

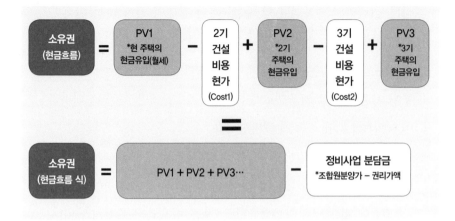

이때 PV1(즉 구축 주택의 월세와 전세 현금흐름)은 매우 작은 규모입니다. 반대로 PV2(재건축 이후 신축 주택의 월세와 전세 현금흐름)는 작지 않은 규모일 것입니다. 그리고 어쩌면 총현금유입의 규모에서 PV1보다 PV2가 더 클 확률이 높습니다. 왜 그럴까요?

PV1은 재건축 사업이 종료되는 시점까지인 10~15년의 짧은 기간에만 존재하기 때문입니다. 연세의 지속 기간이 산술적으로 10~15년으로 적습니다. 그런데 PV2의 경우, 최소 40년을 가정해도 무방하고 그 금액도 높을 것으로 예상할 수 있습니다. 정비사업 이후에는 신축 주택으로서 '상품가치'가 향상되기 때문입니다.

앞서 주택의 펀더멘털 편에서 입지가치와 상품가치를 다루면서 상품가치가 높은 주택은 임대료가 높다는 것이 이미 현실에서 입증되었습니다. 그러니 정비사업 이후의 신축 주택의 임대료는 현재와 비교하기 어려울 정도로 높을 가능성이 큽니다.

● 재건축과 리모델링 아파트도 소름공식이 통한다

여기서 2기 주택, 즉 정비사업 이후 주택의 임대료는 어느 수준에서 추정하는 것이 적절할까요?

유사한 위치에 있는 새로 지은 주택의 월세, 연세, 전세가격은 2기 건축물의 현금흐름 시작 금액을 예측하는 데 도움이 됩니다. 이는 입지가치와 상품가치가 비슷할 때는 임대료가 거의 비슷하게 결정되기 때문입니다. 즉, 2기 주택의 임대료는 현재 시점에서 주변의 새로 지은 주택의 임대료를 참고하여 결정하는 것이 적절합니다.

예를 들어 설명해보겠습니다. 서울시 대치동 은마아파트는 1979년에 준공된 이후 34평형대의 전세가격이 6억 원대 수준입니다. 그러나 이 아파트가 새롭게 재건축해서 준공된다면 전세나 월세는 결코 이 수준이 아닐 것이라고 확신할 수 있습니다. 대치동 은마아파트가 재건축된다면, 전세가격은 얼마에 형성될까요? 각자 생각하는 금액이 다르겠지만 주변의 신축 주택을 벤치마킹하면 어떨까요?

은마아파트 바로 옆 블록에는 2015년에 준공된 래미안대치팰리스(1,278세대, 용적률 259%) 단지가 있습니다. 이 단지는 입지환경이 유사하며 신축 건물이기 때문에, 은마아파트의 미래 신축 임대료를 예측하는 데 매우 적합합니다. 미래의 임대료는 현재의 임대료보다 높을 것으로 예상되지만, 할인율을 고려하면 현재의 임대료 수준으로 미래의 임대료가 형성될 것입니다.

이런 방식으로 현금흐름표를 작성할 수 있습니다. 그렇다면 총현금유입 흐름을 아래와 같이 정리할 수 있습니다.

총현금유입 = PV1(재건축 전까지 현금유입) + PV2(재건축 후 주변 신축 아파트의 현금유입) + PV3······ (반복)

총비용 = Cost1(재건축 관련 분담금) + Cost2(2기 이후 재건축 관련 비용)

∴ **아파트 적정가치** = PV1 − Cost1 + PV2 − Cost2 + PV3······ (반복)

이는 앞에서 살펴본 아파트 적정가치의 기본 산식으로 다시 돌아가는 것입니다. 결국, 돌고 돌아 소름공식은 재건축 및 리모델링 아파트에도 같은 형태로 작동한다는 것을 알 수 있습니다. 다만, 재건축 아파트는 분담금 계산이 더욱 정확해야 합니다. 앞서 분담금 부분에서 이를 정리했기 때문에 그 부분을 참조하세요.

재건축 아파트의 현금흐름을 추정할 때는, 현금흐름할인 모델의 기본으로 다시 돌아가서 시작합니다. 개념을 익혔으니 실제 사례를 살펴볼까요.

● 실전 적용 사례

사례 : 상계주공아파트 7단지 전용면적 59㎡ 25평형의 내재가치를 계산해 보면 어떻게 될까요? 매년 발생하는 현금흐름을 가정해 논의해보겠습니다. 정석대로요.

우선 현재 건물의 생애주기가 언제 끝나는지를 정의해야 합니다. 해당 건물은 1988년에 준공된 아파트이며, 대개 50~55년이 지나면 일반적으로 멸실됩니다. 따라서, 멸실 시기를 준공 기준 50년이 되는 2038년으로 가정합니다. 이는 더 빠르거나 더 느려질 수도 있지만, 일단은 50년으로 가정하여 작성해봅니다.

따라서 현재 시점으로부터 15년까지의 현금흐름은 PV1이 됩니다. 현재 건축물의 전세가격은 2억 8천만 원이고 월세 시세는 93만 원/월입니다. 이를 고려하여 전월세전환율을 따져보면 4.0%로 도출됩니다. 서울시 평균 전환율이 4.6%인 상황에서는 현재 임대료 수준이 서울 전체 전환율보다 다소 낮은 것으로 나타납니다. 구축 아파트의 경우 임대료 수준이 낮게 형성되는 것이 일반적이므로, 이 수치에 큰 의미를 두지 않아도 됩니다.

PV2는 어떻게 변할까요? 이 값은 현재 건축물이 아니라, 재건축이 진행된 후의 임대료를 현재가치로 환산한 금액입니다. 논란이 있는 금액이지만 상계주공아파트 7단지는 운이 좋은 편입니다. 왜냐하면 단지 바로 옆에 상계주공아파트 8단지가 2020년에 재건축을 완공했고, 신축 주택으로 준공되었기 때문입니다. 즉, 입지환경과 상품가치 환경이 유사한 건축물이 벤치마크 사례로 존재하는 것입니다. 상계주공 8단지가 재건축을 통해 새로 포레나노원으로 탄생했습니다. 2020년에 준공된 포레나노원(1,062세대, 용적률 235%)은 이들 지역의 미래 현금흐름을 추정하는 데 근거가 됩니다. 포레나노원의 임대료를 참고하여 상계주공 7단지의 임대료를 추정하는 것은 합리적인 방법입니다.

포레나노원의 25평형 신축 아파트의 전세가는 추정일 기준 5억 5천만 원에서 5억 8천만 원 수준입니다. 이 단지의 월세는 전환율 4.6%로 210~220만 원에 형성되어 있습니다. 이 금액을 미래 현금흐름의 시작 금액으로 잡으면서 현금흐름표를 작성해보겠습니다.

그렇다면 PV2는 준공 후인 20~60여 년까지로 추정하고, 이후 PV3에서는 61~100년까지 현금흐름의 현재가치가 될 것입니다.

이런 식으로 반복하여 생애주기 전체의 모든 현금유입을 합하면 8억 8,059만 원이 나옵니다.

그런데 이 금액은 신축 전세가격의 1.6배에 해당하는 금액입니다.

일반적으로 많은 다른 현장의 현금흐름 총계를 계산해보면, 이와 유사한 조건에서(약 15년 이내에 재건축이 되고, 주변 신축 건물의 전세와 월세 수준으로 임대료가 상승하는 것을 가정할 때), 총현금흐름은 주변 신축 전세가격의 1.6~1.7배가 나오는 것을 확인할 수 있습니다.

현금흐름에 기반을 둔 정식 모델에서는 이를 다 반영하더라도, 전세가격을 이용해서 약식으로 간단히 계산할 수 있다는 점에서 무척 편리합니다.

여기에 비용을 반영해야 하는데, Cost1, 즉 2기로 전환하기 위한 비용은, 앞서 정비사업의 경우 분담금을 추정하는 정석대로의 방식을 사용하는 것이 가장 합리적입니다. 우리는 이미 소름공식의 일반 편에서, 정비사업 분담금을 어떻게 계산하는지 배웠는데요, 그대로 적용하면 됩니다.

그럼, 상계주공아파트 7단지 25평형의 내재가치는 아래와 같습니다.

소유권 가치 = 총현금유입 - 총현금지출

총현금유입 = 주변 신축 전세가격의 1.6배

총현금지출 = 분담금(권리가액이 없고, 250% 미만인 경우, 건축비 기준의 0.8배 적용)

총현금유입 = 5억 원 × 1.6 = 8억 원

공사비 = 628만 원 기준 25평형은 2억 원, 0.8배 적용 시 1억 6천만 원

∴ 소유권 가치 = 8억 원 - 1억 6천만 원 = 6억 4천만 원

주변 신축 전세가격이 하향 조정되어 4억 5천만 원으로 내려간 다면 7억 2천만 원 - 1억 6천만 원=5억 6천만 원이 됩니다. 즉, 주택가격이 약 5억 6천만 원에서 6억 4천만 원 수준에서 형성되리라 추정할 수 있습니다. 반대로 전세가격이 5억 5천만 원으로 유지될 때는 8억 8천만 원 - 1억 6천만 원=7억 2천만 원이 됩니다.

2023년 2월 기준 네이버부동산에서 찾을 수 있는 현재 이 단지의 최저 호가는 7억 원입니다. 주택가격을 보수적으로 보느냐 긍정적으로 보느냐에 따라 달라질 수는 있지만, 주택가격의 추이를 예상하는 데는 큰 어려움이 없습니다.

이처럼 재건축의 적정가치를 산출하는 모형에서 가장 큰 비중을 차지하는 것이 바로 '미래 임대료' 부분입니다. 즉, PV2에 대한 값이 가장 중요합니다. 미래에 얼마만큼의 임대료를 받을 수 있을지

에 대한 값입니다. 마찬가지로 Cost1 역시 상당한 영향을 미칩니다. 이것은 구축 건물에서 신축 건물로 전환하는 비용입니다. 이 비용이 많이 들수록 부담이 될 수밖에 없습니다.

다만, 상식적으로 Cost가 증가할수록, PV2 값은 더 높아집니다. 상품가치란 결국 들어가는 원가에 달려 있기 때문입니다. 우리는 앞서 건축비가 많이 들 경우 임대료가 올라갈 수 있음을 확인했습니다. 만약 상계주공아파트 7단지의 건축비가 상계주공아파트 8단지(현 포레나노원)보다 더 높으면 더 높은 임대료를 받을 가능성이 큽니다. 이때는 주변 신축 건물의 임대료 1.6배가 아니라 1.7배를 적용하는 것이 적절합니다. 이렇게 적정한 수준에서 가감해서 사용하는 것이 좋습니다. 다만, 이렇게 계산된 정비사업용 소름공식에 2가지 주의할 점이 있습니다.

첫째, 재건축 사업에 본격 진입한 아파트들의 적정가치를 계산하는 것은, 우리가 살펴본 것처럼 일반 아파트의 적정가치 계산보다 훨씬 까다롭습니다. 실제 현금흐름에 기반을 둬야 하고, 현금흐름도 생애주기별로 제대로 추정해야 하기 때문입니다. 이렇게 매년 발생하는 현금흐름을 토대로 정석대로 모형을 만드는 것이 좋습니다. 이렇게 해야 사업이 3년 늦어졌을 때, 혹은 3년 빨라졌을 때 현금흐름의 변화를 확인할 수 있습니다. 상식적으로 PV2 값이 큰 상태에서 사업이 빨라지면 주택가격이 상승하는 것이 맞고, 사업이

지연된다면 PV2의 인식 시점이 늦어지므로 총현금흐름이 감소하여 주택가격이 하락하는 것이 맞습니다. 이처럼 '시간'에 관한 부분을 반영할 수 있다는 점에서 정비사업의 경우, 일반 아파트와 다르게 매년 현금흐름 모델을 만들 것을 추천합니다.

둘째, 재건축 초과이익의 환수(이하 '재초환')에 관한 법률에서 정하는 재초환 관련 비용을 반영하지 못했습니다. 현재 재초환은 3천만 원을 초과하는 정비사업의 초과 이익분에 대해서는 세금을 내고, 최대 1억 1천만 원의 초과분에 대해서는 50%의 세금을 냅니다. 그런데 이렇게 부담하는 세금을 종국에는 주택의 처분 시점에 돌려받습니다. 따라서 매몰비용이 아니라, 일정한 기간에 대한 금융비용과 비슷합니다. 다만, 위의 소름공식 약식에서는 이런 재초환 관련 비용을 제대로 반영하지 못했기 때문에, 실질적으로 재초환이 어떻게 재건축에 적용되는지가 매우 중요합니다.

현 정부에서 재초환과 관련한 비용을 완화하는 방안을 발표했으나, 아직 입법까지 마무리되지 못했습니다. 이 부분의 경감 조치 역시 중요할 수밖에 없습니다. 그런데 이런 재초환의 존재 자체가 기본적으로 초기 단계 정비사업의 가치를 낮추는 요인 중 하나입니다. 어쨌든 새로운 비용이 추가되는 것이기 때문입니다. 재건축 사업 참여자들은 이러한 정책적인 요소도 충분히 고려하여 재건축 사업에 참여해야 합니다.

전세가 배율과
전세가율

KB데이터허브에서 전세가율을 보여주는 전국 지도를 찾아볼 수 있습니다. 2022년 12월 기준 서울의 전세가율은 52.9%, 부산은 63.7%, 경기도 64.3%, 인천 66.4%, 대전 68.7%, 대구 71.3%입니다.

전세가율이란 전세가격 대비 매매가격의 비율을 말합니다. 매매가격을 기준으로 하여 전세가격이 어느 정도 큰지를 나타내는 지표입니다. 이때 기준이 매매가격입니다. 그런데 저는 아파트의 적정가치를 추정할 때 월세, 연세, 전세를 기준으로 평가하는 것이 유용하다고 생각합니다. 그래서 전세가율이라는 개념을 바꿔서 매매가격이 전세가격 대비 몇 배인지를 나타내는 전세가 배율이라는 개념을 사용합니다.

예를 들어 전세가율 52.9%인 서울을 전세가 배율로 환산하면 서울의 매매가격이 전세가격의 1.9배라는 의미로 해석할 수 있습니다. 같은 식으로 부산의 전세가 배율은 1.6배, 경기 1.6배, 인천 1.5배, 대전 1.5배, 대구 1.4배입니다.

지역별 전세가율 및 전세가 배율

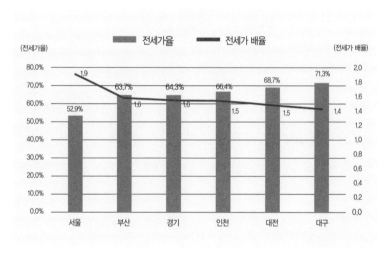

출처: KB데이터허브

이 지표가 장기 평균은 아니지만, 해당 지역에서 적정 주택가격이 형성되었는지를 파악하는 데 유용한 지표가 될 수 있습니다. 무슨 의미일까요? 예를 들어 부산에서 평균 매매가격이 전세가격의 1.6배 정도로 상당 기간 유지됐다고 가정할 때, 특정한 단지의 전세가율이 40%, 다시 말해 전세가 배율이 2.5배라고 해보겠습니다. 이때 이 단지에 대한 가치평가는 2가지 방향으로 해석할 수 있습니다.

첫째, 부산 평균 전세가율이 64%인데 이 단지는 40%로 전세가격이 낮다(즉, 전세가율이 낮다).

둘째, 부산 평균 매매가의 전세가 배율이 1.6배인데 이 단지는 2.5배로 매매가격이 높다(즉, 전세가 배율이 높다).

같은 지표를 두고도 완전히 다른 방향으로 가치평가를 할 수 있습니다. 이러한 가치평가의 기준은 매매가격을 기준으로 보느냐(전세가율), 혹은 전세가격을 기준으로 보느냐(전세가 배율)에 따라 완전히 달라집니다.

저는 대학에서 건축설계와 건축구조를 동시에 배웠습니다. 2학년 설계 시간이었는데, 도면을 테이블 위에 놓고 설계를 고심하는 중이었습니다. 교수님이 갑자기 이렇게 말씀하셨습니다. "가로 방향으로 종이를 놓아서 생각이 잘 나지 않는다면, 세로 방향으로 종이를 놓고 생각을 전개해보는 건 어떨까? 종이의 방향만으로도 사고의 과정이 완전히 달라질 수 있네." 실제로 종이를 세로로 틀어서 길쭉한 방향으로 놓았더니, 다른 아이디어들이 마구 솟아나는 것을 느낄 수 있었습니다.

저는 부동산시장에서도 사고를 전환하여 접근해볼 것을 제안합니다. 이는 완전히 새로운 시각을 열어줄 것입니다.

• 갭 가격을 바라보는 새로운 시각

우리는 매매가격과 전세가격의 차이를 '갭 가격'으로 알고 있습니다. 그리고 갭 가격이 좁혀졌을 때, 투자해야 한다고 생각합니다. 일명 '갭투자'입니다. 그렇다면 서울은 좋은 투자처가 아닙니다. 서울은 전세가율 52.9%, 전세가 배율 1.9배의 지역으로, 매매가격과 전세가격의 차이가 가장 크기 때문입니다. 반대로, 대구는 전세가율 71.3%이고, 전세가 배율 1.4배로 가장 낮으니 갭투자 하기에 좋은 투자처가 될 수 있습니다. 실제로 대구에 가면 매매가격과 전세가격이 거의 차이 나지 않는 소위 '무無갭'에 가까운 단지도 적지 않은 게 2022년 말의 모습이었습니다.

매매가격과 전세가격의 차이를 갭 가격이 아니라 처분가치, 즉 미래 수익가치의 크기로 보는 것은 좋은 방법입니다. 미래의 수익가치가 클수록, 갭 가격인 처분가치의 규모는 계속해서 더 커질 것입니다. 이렇게 갭 가격이 큰 부동산이 미래 가치가 높은 주택이지 않을까요? 서울의 경우 현재 전세가율이 52.9%이고, 전세가 배율이 1.9배인데, 이렇게 전세가율은 낮고 전세가 배율이 높은 가치 지표를 보인다는 것은, 반대로 말하면 성장성이 그만큼 높다는 것을 전제합니다.

이처럼 같은 지표라도 무엇을 기준으로 삼아 해석하느냐에 따라

투자 전략이 달라집니다.

이 책을 쓰기 위해 전국의 주요 시도별 전세가율과 전세가 배율을 조사했습니다. 조사를 다 끝낸 후 다음의 결론에 도달했습니다. 각 지역은 개별 성장성에 따라 서로 다른 전세가율과 전세가 배율을 지속해서 유지하고 있다는 것입니다. 따라서 웬만한 경우, 서울에서는 매매가격이 전세가의 2.0배, 서울 외 지역에서는 매매가격이 전세가격의 1.7배를 넘어선다면 그것은 일단 가격 면에서 비싸다고 평가할 수 있습니다. 그야말로 매우 빠른 가치평가의 기준으로 사용할 수 있습니다.

이렇게 지역별 전세가 배율과 특정 단지를 비교하는 것만으로도, 얼마든지 해당 단지가 고평가인지 저평가인지는 간단히 점검할 수 있습니다. 앞으로 서울의 경우 2.0배, 전국은 1.7배를 고평가·저평가·적정가의 기준으로 삼고, 모니터링하거나 필터링하는 습관을 갖는다면 시세 추종 전략이 아니라, 가치평가 전략으로 주택시장에 성공적으로 대응할 수 있습니다.

● <u>시장은 모든 것을 알고 있다</u>

이 책 앞부분에 나온 동탄역시범우남퍼스트빌 단지의 중개사무소를 방문했을 때로 돌아가 보겠습니다. 저는 즉석에서 그 단지의 가치를 평가할 때, 해당 단지 매매가격의 전세가 배율이 1.9~2.0배 수준에서 오랫동안 거래된 것을 발견했습니다. 이는 경기도 평균 1.6~1.7배 대비 매우 높은 수준이었기 때문에 다른 요인들을 확인할 필요가 있었습니다. 그 비밀은 바로 용적률에 있었습니다. 용적률이 171%였던 것입니다. 이 비율은 건축비를 거의 30%만 사용해도 될 정도로 낮은 수준의 용적률입니다. '그래서 시장가격에서 1.6배가 아닌 2.0배가 적용되고 있었구나'라고 생각했습니다. 시장가격은 이를 반영해 오랫동안 유지되어온 것을 확인할 수 있었습니다. '역시 시장은 모든 것을 알고 있다'는 사실을 새삼 깨달았습니다.

그때 현장 중개소에서 저는 이렇게 말했습니다. "현 3억 5천만 원 수준의 전세 평균가격이 유지된다면, 매매가격은 그 1.8배인 6억 3천만 원에서부터, 2.1배인 7억 3,500만 원 수준까지 형성될 것 같습니다"라며 상한과 하한의 구간을 제시했습니다.

이를 소름공식에 적용하여 다시 계산해보면 전세 3억 5천만 원 ×2.05배(비거점도시)=7억 2천만 원−1,750만 원(1.75억 원×0.1)=7억 250만 원이 나옵니다. 아마도 이 수준에서 ±5% 범위를 잡고 아파트 적정가를 생각하면 큰 무리가 없을 것입니다.

또 월세와 연세 기반의 현금흐름 모델을 만들어서 계산한다면,

소유권 가치 = 총현금유입(Total PV = PV1 + PV2 + PV3……) – 총현금지출(Total Cost = Cost 1 + Cost2 +……)

총현금유입 = 6억 9,400만 원

총현금지출 = 2천만 원(Cost1 2천만 원)

∴ 적정가치 = 6억 7,400만 원

여기에 ±5% 수준의 범위를 잡는다면 적정가치는 약 6억 4천만 원에서부터 7억 3천만 원 정도로 나옵니다.

물론 이후 임대료가 하향 조정된다면, 이를 반영해서 매매가격 역시 하향 조정될 것입니다. 현재 수원과 화성 지역에서는 입주 물량이 많이 몰려 있어서 높은 임대료 변동성이 예상됩니다. 이러한 상황에서는 내재가치 계산의 변동성도 높아지므로 이를 고려할 필요가 있습니다.

전반적으로 시장은 매우 현명합니다. 이는 바로 이 책을 읽는 여러분이 현명하기 때문입니다. 현명한 다수로 구성된 시장은 현명하지 않을 수 없습니다. 다만, 특정 시점에는 일부에서 쏠림 현상이 매우 심하게 나타날 수 있습니다. 하지만 이를 제외한 시점에서는 시장은 마법처럼 소름 돋는 수준의 균형을 자랑합니다.

가격 면에서 시장은 확인할 수 있는 정보들을 매우 합리적으로 반영합니다. 금리 변화부터 도시의 성장 지표라고 할 월세증가율, 전월세전환율에서 드러나는 요구수익률의 차이, 또 전세냐 월세냐 선택할 수 있는 임차인의 기준, 또 수요와 공급으로 표현되는 주택 공급과 임차료의 변화 등 다양한 지표들을 가격에 반영합니다. 따라서 현재 시장에 형성된 가격이 '괜히 그 가격'인 경우는 드뭅니다.

저 역시 동탄역시범우남퍼스트빌뿐 아니라, 매탄힐스테이트, 일산의 요진와이시티, 잠실의 잠실엘스, 서초의 서초그랑자이, 인천의 루원시티프라디움, 청라의 제일풍경채, 송도의 더샵마리나베이와 더샵송도센트럴시티, 안양역 래미안메가트리아, 김포한강신도시반도유보라2차, 동탄의 시범다은마을반도유보라월드메르디앙 등 현장 답사를 통해 방문했던 거의 모든 단지에서 시장의 합리성을 재차 확인했습니다. 이들 단지를 둘러보고 분석한 영상은 제 유튜브 채널 〈채부심: 채상욱의 부동산 심부름센터〉에 올려놓았으니 꼭 살펴보기 바랍니다. 또 이들 아파트 단지를 분석한 글은 네이버 프리미엄콘텐츠contents.premium.naver.com '아파트 가치&가격 연구소'에 별도로 올려져 있으니, 이 책과 함께 보면 더욱 도움이 될 것입니다.

이 책에서 배운 내용을 이용해 각 지역이나 단지의 아파트에 대한 전세가격 대비 매매가격의 비중, 즉 소름공식 비율을 계산해보세요. 그리고 이 비율을 장기 평균가격으로 생각하는 습관을 들여보세요. 이런 기준 속에서 매매가격이 단기간에 급격히 오르는 경우, 그 원인을 분석해서 그것이 임대료 상승을 반영해서 올랐다면 '싸다'라고 할 수 있고, 반대로 수요가 많아져서 올랐다면 '비싸다'라고 할 수 있을 것입니다. 이것이 입지가치와 상품가치로 대표되는 주택이라는 부동산의 적절한 가치평가의 근간이며, 또한 매매가격의 기초입니다.

앞으로도 전세나 월세, 금리의 변화는 매우 중요한 가격 판단의 기준이 될 것입니다. 그래서 전세나 월세가 안정화되기를 바라는 분들이 매우 많습니다. 아마 그 시점이 온다면 그때는 가치평가를 하기 가장 좋은 시점이 될 테고, 가격 전략을 적극적으로 활용해볼 만합니다.

사실 이 책은 단순한 생각에서 출발했습니다. '매매가격을 기준으로 보는 것이 아니라, 전세가격을 기준으로 본다면 어떻게 될까?'라는 질문이었습니다. 바로 관점의 변화입니다. 수학자 조던 엘렌버그Jordan Ellenberg는 자신의 책 『틀리지 않는 법』에서 "한 수를 다른 수로 나누는 것은 단순한 연산일 뿐, 무엇을 무엇으로 나눠야 할지를 알아내는 것이야말로 수학"이라고 말했습니다. 기준이 달라지면, 다른 세상이 보이는 법입니다. 지금부터는 매매가격을 기준으로 전세가율을 보지 말고, 전세가격을 기준으로 매매가격을 평가해보기 바랍니다.

기준을 바꾸면 다른 세상이 보이는 법입니다.

이제는 매매가격을 기준으로 전세가율을 보지 말고,

전세가격을 기준으로 매매가격을 평가해보세요.

7부

부동산
절대 생존전략

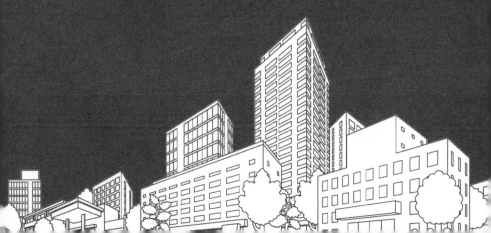

아파트 가치의 비밀은 전세에 있다

우리는 아파트를 구입하려고 할 때 2가지 목적을 생각합니다.

첫째는 2년, 4년이 아닌 사실상 무제한 거주가 가능하다는 주거 안정성입니다.

둘째는 자산으로서의 특징인데, 자산가격의 상승에 대한 막연한 혹은 강한 기대감입니다.

지난 2014~2021년의 강세장, 특히 2020~2021년의 초강세장 속에서 아파트는 주거서비스를 위한 대상에서 점차 레버리지를 일으켜 수 채에서 수십 채 이상 사들여야 하는 재테크의 수단이 되어 버렸습니다. 본인은 다른 집을 빌려 거주하면서 자본을 최대한 끌어모아 전세를 끼고 갭투자에 나서는 시대가 열렸습니다.

그러나 2022년 하반기를 시작으로 시장 분위기가 바뀌었습니다. 지금은 부동산이 더 이상 안전한 자산이 아니게 되었습니다. 예전에는 부동산이 거래 시점과 가격을 선택하는 것이 어려운 자산이었습니다. 그러나 주식과는 달리 부동산은 오랜 기간 보유하면 매수 시점과 가격이 좋지 않아도 결국 수익을 냈습니다. 하지만 이러한 '오래 보유한' 사실은 점차 잊혀지고 이제는 부동산도 단기간 보유 후 매도하는 관행이 생기고 있습니다. 이런 부동산시장에서 아파트의 적정가격을 계산하는 소름공식을 이해한다면, 타이밍 전략과 가격 전략을 동시에 사용할 수 있습니다.

소름공식의 장점 4가지

1. 공식의 편의성

소름공식은 주택을 '기간 무제한으로 수익을 낼 수 있는 자산'이라고 가정하고 현금흐름할인 방법으로 가치평가를 할 수 있다는 데서 가장 큰 의의를 찾을 수 있습니다. 현금흐름할인 방법은 그 강력함에도 불구하고, 사람마다 사용하는 기준이 다르다는 점에서 공통된 합의를 끌어내기가 쉽지 않았습니다. 그러나 이미 존재하는 전세를 활용해서 얼마든지 상당히 근접한 수준의 약식 계산을 할 수 있다는 점에서 공식의 편의성이 높습니다. 물론 정밀한 계산은 쉽지 않습니다. 당장 분담금에 반영되지 않은 재초환 비용이 그 예입니다. 그런데도 빠르게 암산할 수 있는 계산식을 개별 단지별로 활용할 수 있다는 점에서 유용합니다.

2. 아파트의 가치 상승 요인 분석

소름공식을 통해서 무엇 때문에 아파트의 가치가 상승하는지를 파악할 수 있습니다.

소유권 총현금흐름 $= PV1 - Cost1 + PV2 - Cost2 + PV3$

이 식으로 구성된 아파트의 총현금흐름에서 기본적으로는 '연간 임차료'가 자산가격을 결정하는 데 매우 중요한 지표가 됩니다. 특히 재건축 등을 앞둔 건축물에서 PV2 값이 커지는 경우에만 재건축이나 리모델링을 진행할 수 있다는 점에서 사업성이 낮은 지역의 정비사업이 제대로 진행되지 않는 이유를 설명합니다. 아울러 Cost1이 너무 높은 경우나 PV2의 시작 시점이 빨라지거나 늦어지는 경우, 아파트 가격이 변하는 이유를 설명할 수 있다는 점에서 의의가 큽니다.

3. 성공적인 투자 판단의 근거

결국 아파트의 적정가치는 주거서비스 비용에서 시작합니다. 이 주거서비스 비용은 입지가치와 상품가치라는, 부동산의 근본으로 회귀한다는 점에서 의미가 크죠. 입지란 교통·교육·편의·자연환경의 4대 요소로 구성되고, 상품은 실내·단지 특징으로 구성됩니다.

실제 시장에서 입지가 좋은 지역의 주택들이 고가에 거래되고, 임차료 역시 높게 형성된 이유를 설명합니다. 아울러 같은 입지환경에서 구축과 신축의 가격 차이가 상품가치에 있다는 것을 임대료의 차이에서 한눈에 알 수 있습니다. 이는 얼마든지 입지가치의 변화 없이 신축 건물을 짓는 것만으로도, 종전 대비 충분한 추가 소득을 만들어낼 수 있다는 것을 의미하기도 합니다. 이는 도심 곳곳에서 볼 수 있는 리모델링과 리폼 사업의 중요한 동기이기도 합니다. 크고 작은 정비사업은 결국 PV2 〉PV1 + Cost1인 상황에서 추진되므로 이를 제대로 비교하는 것이 훌륭한 부동산 디벨로퍼가 되는 길입니다.

4. 임대료로 알 수 있는 것

현재 임대료는 부동산의 많은 부분을 설명해줍니다. 많은 사람이 어디가 '살기 좋은 곳'인지 알고 싶어 하는데, 그 답은 아마 사람마다 다를 것입니다. 그런데 이 '살기 좋은 곳', 즉 좋은 주거서비스를 제공하는 곳은 이미 임대료를 통해 드러나 있습니다. 예를 들어 노원구의 25평형 구축 아파트의 전세는 2억 8천만 원이지만, 신축 아파트의 전세는 5억 5천만 원입니다. 이 금액만큼 주거서비스의 효용에 차이가 있다고 생각하는 것이 합리적입니다. 또한 주거서비스 비용이 비슷하다면 거주 만족도도 비슷하리라 예상할 수 있습니다. 즉, 입지별, 상품별 주거서비스 비용은 모두 시장가격에 내재해 있기 때문입니다.

중요한 것은
미래의 임대료

잠깐 주식 이야기를 해볼게요. 특정 기업이 있습니다. 이 기업의 시가총액은 1조 원이며, 작년 한 해 동안 벌어들인 당기순익은 1천억 원입니다. 이때 PER은 아래와 같이 계산할 수 있습니다.

PER = Price/Earning = 1조 원/1천억 원 = 10배

그런데 이 기업이 올 한 해 벌어들일 당기순익이 2천억 원이라고 해보겠습니다. 올해 말 기준의 당기순익이 2천억이 된다면, 기업의 시가총액이 그대로 유지된다고 했을 때 PER은 다음과 같이 나옵니다.

PER = 1조 원/2천억 원 = 5배

그렇다면 이 기업은 2개의 가치지표를 갖게 되는 셈입니다. 첫

번째는 과거 실적을 확정적으로 사용한 가치지표인 PER 10배, 두 번째는 아직 미확정이지만 미래의 추정 실적을 토대로 만들어진 PER 5배입니다.

시장에서는 이처럼 현재 기준으로 과거 4개 분기의 실적, 즉 현재 기준 과거 1년 치 실적을 토대로 PER을 계산하는 것을 트레일링trailing PER이라고 부릅니다. 트레일러를 끄는 것처럼, 운전석 뒤 칸에 4개의 컨테이너가 있고 4개의 컨테이너는 각 분기 값이 되는 것이지요.

반대로, 미래의 실적을 기반으로 할 때는 포워드forward라고 합니다. 특히 포워드는 현재 기준 미래 시점의 4개 분기, 즉 미래에 대한 추정값입니다.

위 사례에서, 트레일링 PER 10배, 포워드 PER 5배의 상황이라면, 이 기업은 이익이 2배 증가하고 있다는 것을 의미하고, 만약 PER이 10배로 계속 유지된다면 기업가치는 1조 원에서 2조 원으로 2배 증가할 것입니다. 반대도 성립하겠죠. 이 기업이 올해 2천억 원의 순익이 아니라, 500억 원의 순익만 벌어들일 것으로 생각된다면, 포워드 PER은 20배가 됩니다.

포워드 PER = 1조 원/500억 원 = 20배

이 경우, 트레일링 10배, 포워드 20배의 상태가 되고, 만약 10배의 배수가 유지된다면 시가총액은 1조 원에서 5천억 원으로 내려갈 것입니다.

앞서 설명한 대로 소름공식은 현재 임대료와 미래 임대료를 더하는 형태로 시작합니다. 여기서 '현재 임대료'는 항상 고정값이 아니라, 하향 추세일 수도 있고, 유지 중일 수도 있고, 혹은 상승 추세일 수도 있습니다. 그렇다면 여기에 어떤 가격을 넣느냐에 따라 주택 소유권의 가치가 달라진다는 뜻입니다. 소유권이 높아지기 위해서는 현재 임대료든 미래 임대료든 상승해야 한다는 것을 전제로 합니다.

여기에 시사하는 바가 있습니다. 결국 주택의 가치는 임대료에 기반하며, 주택의 가치가 상승하려면 임대료 역시 상승해야 한다는 점입니다. 그리고 우리는 이미 임대료는 입지가치와 상품가치를 일정 기간 이용하는 비용임을 이해하고 있으므로 이 금액이 상승할지 하락할지를 전망할 수 있습니다.

● 가격 전략의 기본

광교신도시 신축 아파트가 2015년 준공될 시점의 수익가치는 2억 3천만 원이었습니다. 그러나 현재는 최소 5억 원이 넘습니다. 왜

일까요? 그만큼 해당 신도시의 입지환경에 변화가 있었기 때문입니다. 교통, 교육, 편의시설, 자연환경이 변화했고, 상품가치 면에서도 장점이 이어졌기 때문입니다.

오늘보다 미래에 수익이 기대되는 상황에서 좋은 가격에 집을 구매하는 전략이 시작됩니다. 물론 현재의 가격도 전세가격의 일정 범위 안에서 고평가되어 있지 않은 상태여야 합니다. 그런 의미에서 입지가치와 상품가치를 보는 안목을 키워야 합니다. 결국 집은 '살기 좋은 곳', 즉 '가격 대비 성능이 우수한 곳'을 먼저 선점하는 것이 가격 전략의 기본입니다. 전세가격이 상승할 지역, 그런 지역이 좋은 성과를 낼 지역입니다.

투자 기회는 언제 오는가

부동산의 가치는 입지가치와 상품가치의 합으로 결정됩니다. 하지만 아파트의 가치는 고정적이지 않습니다. 사실, 가치평가 자체는 어려울지라도, 입지가치나 상품가치가 변화할 때 부동산의 가치도 자연스럽게 변화한다는 것은 상식적으로 쉽게 이해할 수 있습니다.

예를 들어 입지가치의 4대 요소 중 교통과 학군에 대해 생각해볼까요. 수도권 아파트 단지 부근에 교통망이 추가로 확충되면서 입지가치가 변하는 지역들이 있습니다. 대표적으로 2020~2021년에 경기도를 초강세로 이끌었던 대장 지역들인 GTX 역세권 건설 예정 지역입니다. GTX-A, B, C 노선은 수도권 GTX 정차역 건설 예정 지역에 위치한 단지들의 가격을 초강세로 이끌었고, 사람들은 노선을 살펴가며 투자 전략을 세웠습니다.

GTX까지는 아니어도 지하철 노선이 연장된 지역들도 가격이 크게 올랐습니다. 철도만이 아닙니다. 자동차용 도로 역시 자차 교통의 편의성이 좋아지기 때문에 매우 중요할 수밖에 없습니다. 이처럼 다양한 철도 노선의 건설이나 자동차용 도로의 연장은 이들 교통 요인의 가치를 올려줍니다. 그러므로 교통망을 보고 투자하는 전략도 매우 합리적입니다.

교육 요인은 어떨까요? 초등학교는 근거리 배정이 원칙이어서 자연스럽게 초등학교와 인접한 아파트 단지에 대한 선호도가 높습니다. 또 학군은 중고등학교를 포함하는 것이어서 중고등학교가 얼마나 많은지, 또 통학하기 편한지, 학원가와 연계가 잘 되어 있는지를 중요하게 봅니다. 중고등 학군의 경우, 그 평가가 학업성취도나 서울대학교 진학, 혹은 자사고와 특목고 진학률에 따라서 갈리기도 합니다. 그래서 어떤 지역에서는 중학교의 학업성취도에 따라서 단기간에 학군 프리미엄이 강화되기도 합니다. 매년 서울대 합격자 숫자를 조사해서 발표하는 학군 전문가들이 있는 것도 그런 이유입니다. 사실 학군은 학생들이 그 원천이기 때문에 운에 좌우될 수밖에 없습니다. 그런데도 성적이나 입시 성과의 변화는 학군 가치로 연결됩니다. 한편, 학군이 충분히 성숙하지 않은 곳에서는 신규학교가 추가되는 것만으로도 큰 가치가 있습니다. 일부 지역에서는 초중고등학교의 신설이 교육·학군 가치평가에서 중요한 변화 요소가 됩니다.

● 모든 지역은 매일 변한다

유튜브 〈채부심〉 현장 답사 팀이 2022년 12월 경기도 고양시의 일산요진와이시티를 탐방했을 때 일입니다. 단지 바로 앞에 시행사가 고양시에 기부채납한 초등학교용 부지가 있었습니다. 이 단지는 복합 개발된 단지로, 아파트는 총 2,404세대이고 6개 동으로 구성되어 있었습니다. 60개 동이 아니라 6개 동인데, 1개 층에 무려 8세대가 거주하고 승강기도 6대이며 비상용 포함 8대나 됩니다(사실 더 편하다는 의미죠). 최고 층수가 59층이고 구조적으로도 매우 유명한 건축물이라 일산을 대표하는 초고층 건축물이었습니다. 이 단지의 바로 앞에 학교 부지가 있었습니다.

2022년 월드컵 축구 국가대표 감독이었던 로베르토 벤투 감독이 거주하던 곳으로도 유명했습니다. 그가 단지 앞 생어거스틴에서 자주 식사를 했다기에 저도 가본 적이 있습니다. 학교는 아직 짓고 있지 않았습니다. 해당 단지에 거주하는 분들은 단지 내 최근거리 초등학교인 금계초등학교에 아이들을 보내는데, 금계초와의 거리가 직선거리로도 1킬로미터가 넘게 나오므로 적지 않은 거리입니다. 그러니 이 단지에서는 초등학교가 근거리에 건설되는 것을 바랄 텐데, 만약에 초등학교가 건설된다면 현재의 전세가격은 이를 반영하지 않은 상태이니 입지가치에 상당한 변화가 생길 것으로 보입니다.

앞서 북위례에 건설된 위례포레자이를 설명하면서 서울 성동구의 덕수고등학교가 이주해 왔다고 했는데, 그렇다면 고등학교가 근거리에 생겼으므로 입지가치에 변화가 생긴 것입니다. 학원가 역시 중요합니다. 사교육이 팽배한 우리나라 교육 현실에서 학원가의 접근성은 무시하지 못할 요소입니다. 이런 이유로 학원가들이 주변에 군집하는지는 상당한 입지가치의 변화를 만들어냅니다. 현장 답사 마포래미안푸르지오 편에서 마포권역에 새로 지어지는 학원가들을 바라보는 주변 사람들의 이야기를 동영상에 담은 적이 있습니다. 이처럼 모든 지역은 사실 매일 변하고 있습니다.

생활편의시설이 늘어나는 것도 입지가치의 변화입니다. 근린생활시설이 증가하고, 대형 쇼핑몰이 입점하고, 주변에 휴양시설, 휴게시설, 위락시설이 건설되는 등 작게는 집 앞에서 크게는 주변 도시권역까지 확장해서 이른바 '갈 곳이 많아지는' 현상은 입지가치에 모두 반영됩니다. 맛있는 식당이 가까이 있는 것도 좋습니다. 그 식당이 있다는 것만으로 상당한 가치를 발휘할 수 있습니다. 제가 서울 당산동에 살 때 '대관원'이라는 중식당을 자주 이용했는데, 지금은 멀리 살아서 자주 가지 못해서 아쉽습니다. 갈 때마다 너무나 맛있어서 정말 좋았습니다.

그렇다면 상품가치도 변할까요? 상품가치 중 실내 특징은 인테리어를 리폼하면 변합니다. 아파트를 리모델링할 경우 하지 않은 아파트 대비 전세가격은 당연히 높게 형성됩니다. 가치에 변화가 생겼기 때문입니다.

그런데 해당 아파트 단지 전체의 상품가치가 바뀌는 일도 있을까요? 그렇습니다. 재건축이나 리모델링 같은 정비사업을 하면 이들 단지 특징이 일제히 바뀝니다. 그래서 재건축이나 리모델링은 건축물의 상품가치를 업그레이드하는 매우 중요한 이벤트입니다. 이런 이벤트는 현재 건설된 건축물의 생애주기가 끝날 때 한 번 찾아오므로 많은 소유주가 이런 기회에 목매는 것도 이상한 일이 아닙니다. 오직 그 기회가 아니라면 단지 특징을 크게 바꿀 기회가 없기 때문입니다. 그러므로 정비사업은 상품가치를 가장 극적으로 변화시키는 유일한 기회입니다.

입지가치와 상품가치가 변하면 아파트 가치가 변한다는 사실을 이제 이해했을 겁니다. 그런데 과연 얼마나 크게 변해야 아파트 적정가에 영향을 미칠까요? 혹은 비율이 아니라면 얼마의 금액만큼 변해야 할까요? 문제는 바로 이 지점에서 발생합니다.

● 입지가치·상품가치가 변하면 가격은 어떻게 달라질까

인천의 루원시티 지역에 서울지하철 7호선이 청라까지 연결되면서 관통한다고 합니다. 이 지하철 노선이 지역의 입지가치를 어느 정도 변화시킬지를 예측하는 것은 어려운 일입니다. 몇 퍼센트포인트 올려놓을까요? 혹은 금액으로 몇천만 원? 몇억 원? 얼마의 가치 상승으로 이어질까요? 또 학교가 건설되면 대체 얼마나 주택가격이 올라야 할까요? 학교의 건설비용만큼 올라야 할까요? 지하철은요? 도로는요? 이는 지하철이나 도로와 같은 개별 시설의 가치를 정확하게 산정하기 어렵기 때문입니다. 입지가치와 상품가치를 통한 분석의 한계이자 어려움입니다.

물론 완전히 불가능한 것은 아닙니다. 글로벌 최고 수준의 부동산테크기업 중 하나인 미국의 질로우Zillow는 제스티메이트Zestimate라는 서비스를 통해 개별 요인에 대한 가치 분석을 수행하는 회귀모형을 만들어서 제공하고 있습니다.

갑자기 '회귀모형' 분석이라니, 무슨 말일까요? 회귀모형 분석도 알고 보면 사실 간단합니다. 가령 다른 조건이 동일한 상태에서 특정 요소의 차이만으로 가격 차이가 오랜 기간 유효하게 발생한다면, 그 요소의 가치가 어느 정도 되는지를 판단하는 것입니다. 같은 아파트 단지에서 일반 층의 매매가격과 1층의 매매가격 간에 늘 10% 정도의 가격 차이가 발생했다면, 이 아파트 단지의 1층 대비 일반 층의 가치는 10% 정도 더 높다고 주장할 수 있습니다. 혹은 한강에 접한 단지인데, 어느 라인은 한강변을 전부 조망할 수 있지만, 반대쪽 라인은 한강을 전혀 조망할 수 없습니다. 이때 두 라인이 항상 실거래에서 2억 원의 차이가 반복해서 발생한다면, 한강 뷰의 가치는 해당 단지에서 2억 원이라고 할 수도 있습니다. 이처럼 개별 요인에 대해서 회귀분석을 모조리 할 수 있다면, 전체 주택의 특징별 기댓값도 뽑아낼 수가 있습니다. 이 서비스를 질로우의 제스티메이트가 제공하고 있습니다.

이 생각을 이어서 발전시켜볼까요? 한국에서도 이처럼 개별 요인들을 다 더해서 모든 개별 요인을 회귀분석하면 주택가격을 적절히 추정할 수도 있지 않을까요?

이런 접근 방식은 저를 포함해 시장의 선구자들이 이미 오랜 기간 고민해온 주제입니다. 이런 가격모형을 '헤도닉모형Hedonic Model'이라고 해서 국내외 많은 연구자가 사용하는 방식이기도 합니다. 그런데 헤도닉모형을 부동산시장에 적용할 때 커다란 단점이 있습니다. 바로 모든 '요인'을 합치면 부동산 가격 전체를 설명할 수 있어야 하는데, 그렇지 못하다는 것입니다.

예를 들어 소비자물가지수를 구성하는 20개 항목의 변화를 다 추정하면 소비자물가지수를 추정할 수 있습니다. 이런 것이 헤도닉모형의 기본 개념입니다. 그런데, 부동산에서도 이것이 가능할까요? 과연 부동산을 설명하는 요인 전부를 일반인이 쉽게 떠올릴 수 있을까요? 우리는 부동산을 토지와 건물, 그리고 입지가치와 상품가치로 구분했습니다. 그런데 토지가치나 입지가치를 설명하는 요인들을 모두 나열할 수가 있을까요? 20개만 대입해서 헤도닉모형을 만들 수는 있지만, 그 20개가 부동산의 모든 변수는 아닐 것입니다. 따라서 이런 회귀모형 접근으로 주택의 적정가치를 찾기가 오히려 더 어려울 수 있습니다.

안타깝게도 저는 이 고민으로 수년을 보냈습니다. 많은 헤도닉모형으로 부동산의 적정가를 산정해보려고 노력했지만 헛수고였습니다. 아직 시중에 보편적으로 퍼져 있는 모형을 찾기가 어려운 이유가 여기에 있습니다.

• 워런 버핏의 가치평가 방법

그렇다면 여기서 적정가를 찾는 노력을 멈춰야 할까요? 사실 가치평가는 99.9%의 완벽한 정확도를 위해서 어마어마한 모델링을 만들거나 슈퍼컴퓨터를 쓰기보다, 90% 수준에서 빠르게 암산하여 당장 사용할 수 있는 것이 더 좋습니다. 슈퍼컴퓨터가 필요한 가치평가 방식이라면 그것은 대중에게는 없는 것과 마찬가지입니다. 주식 애널리스트들이 목표 주가를 산정하기 위해서 슈퍼컴퓨터를 돌리지는 않는 것처럼 과도하게 어려운 가치평가 방법은 지양

해야 합니다. 이렇게 가치평가 기법이 쉬워야 한다고 생각하는 사람 중에 워런 버핏이 있었습니다. 그는 이렇게 말했습니다.

"저는 찰리랑 할인율에 관해 얘기합니다. 그런데 찰리는 제가 한 번도 스프레드시트(곧 엑셀) 켜는 것을 본 적이 없을 겁니다. 저는 그것을 '머릿속으로' 합니다."

아무리 버핏이 외계인급 천재라 하더라도, 엑셀이 제공하는 강력한 기능은 인간의 머리로 따라갈 수 없습니다. 소수점 둘째 자리부터 수백 년에서 수천 년의 미래 현금흐름을 모두 암산할 순 없습니다. 그러나 그는 내지가치 평가를 위해 할인율을 활용하는 DCF를 사용합니다. 바로 머릿속의 암산만으로 말이죠. 버핏이 실제로 엑셀을 켜는지 아닌지 알 수 없지만, 최소한 대중들에게 전하고 싶은 메시지는 '머릿속으로' 할 법한 가치평가 기법을 사용하라는 것입니다.

우리는 이제 매우 쉬운 평가 방법을 알고 있습니다. 최종 정리하면 다음과 같습니다.

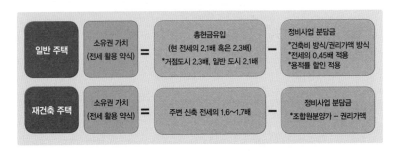

에 필 로 그

부동산시장에서
실패하지 않으려면

최근 저는 유튜브 채널 〈채부심〉을 위해 전국 곳곳으로 현장 답사를 다니고 있습니다. 이렇게 많이 현장 답사를 한 것은 그만큼 시세가 급변하는 지역이 많아졌기 때문입니다. 소개할 지역을 돌 때마다 아파트 가격이 왜 올랐는지 왜 내렸는지를 분석하는 데 시간을 쏟습니다. '언제까지 내릴 것인지, 어디가 바닥 가격인지'를 한참 생각하곤 합니다.

현장에 나가보면 '가격에 대한 큰 고민 없이 상당히 고통스러운 매매를 했겠구나' 하는 생각이 드는 실거래를 볼 때가 있습니다. 어떤 지역을 2020년 11월에 6억 원에 매입하고는, 2021년에는 9억 원까지 오르는 것을 보다가, 2022년 들어서 5억 원으로 내려가니까 이 아파트를 2년 만에 4억 7천만 원에 매도해버린 예도 봤습니다.

어떤 단지에서는 2020년 이전에 5억 원대인 아파트가 2021년에 9억 4천만 원을 기록하고는 2022년부터 하락하기 시작했는데, 하락의 초입에서 2022년 2월에 7억 5천만 원에 매입하고는 8월에는 이를 5억 7천만 원에 매도하면서 단기 6개월여 만에 1억 8천만 원 손실을 확정 지었습니다. 즉, 최고점은 피했으나 하락하는 흐름에서 매수해서 반년 만에 2억 원에 가까운 큰 손실을 확정 지은 것입니다.

다양한 주거서비스 중에서 아파트는 가장 양질의 주거를 제공하는 형태입니다. 그래서 주거비도 가장 많이 들고, 매매가격 역시 가장 높습니다. 다만, 매매가격이 높고 자산으로서 성격(자본금+차입금)을 보유하다 보니, 자본시장의 논리가 아파트에 스며들면서 현재는 아파트를 투자 대상으로만 인식하는 경향이 매우 커졌습니다.

아파트는 주거서비스를 위한 상품이고, 그렇기에 임대차 시장에서 활발하게 거래됩니다. '자가'라는 것도 결국은 '단기 임대'가 아닌 '영구 임대'의 개념입니다. 따라서 기본적으로 가격은 임대료에 기반해야 하고, 그 임대료를 무리하게 적용하면 결과가 좋을 리 없습니다.

이 때문에 이 책을 통해 1년 치 월세, 40년 치 주거비에 해당하는 전세, 그리고 100년 이상의 영구 사용이 가능한 매매가격 등에 대한 개념이 시장에 더 잘 안착하기를 바랍니다.

주택을 매수한다는 것이 100년 이상 내야 할 1년 치 임차료의 총합을 현재가치로 할인한 것으로 생각하면, 그 매매가격이 너무 높으면 꺼려질 것입니다. 이는 당연한 상식입니다. 그러나 주택을 가치가 상승하는 자산으로만 본다면 그 자산가격이 상승한 데는 다 이유가 있을 거로 생각하고, 가격은 항상 옳다는 생각과 함께 현재 내 소득으로 감당할 수 없는 주택임에도 매수하는 패착을 두게 됩니다. 아파트를 자산으로 보느냐, 주거서비스로 보느냐에 따라 달라지므로 관점 자체가 중요합니다. 결국 자산이 아닌 주거서비스라는 본질로 바라볼 때 자산으로서 성과도 좋습니다.

주택을 구매하여 오랫동안 거주하는 경우, 실패하는 일은 거의 없습니다. 이는 장기적인 시각으로 대응하여 가격 변동성을 이겨내기 때문입니다. 오로지 '단기'로 대응했을 때 실패하는 것이지, '장기'로 대응한다면, 타이밍을 잘못 읽었어도, 가격을 설령 고점에 잡았어도 결국 다시 회복했습니다. 그러나 단기 가격 변동성을 견디지 못하고, 자산으로서 성격만 강조하면서 시장가격보다 더 싸게 매도하는 경우, 손실은 확대되고 시장에서 퇴출되는 안타까운 사례가 나옵니다.

이 책을 통해서 부동산 가격에 대한 적절한 기준을 확립할 수 있기를 바랍니다. 부족한 부분이 있다면 나중에라도 더 보강하여 계속해서 시장과 교류하고 소통하겠습니다. 끝까지 읽어주셔서 감사합니다.

아파트, 이 가격 오면 사라

초판 1쇄 발행 2023년 6월 5일
초판 3쇄 발행 2023년 10월 20일

지은이   채상욱
펴낸이   장예원
펴낸곳   라이프런
출판등록   제2018-000173호
전화   02-2633-5677
팩스   02-6455-5677
이메일   lifelearn@naver.com
블로그   blog.naver.com/lifelearn

값 18,000원
ISBN 979-11-966259-7-9 (03320)